行走在
教学智慧
的路上

孔艳华 ⊙ 著

群言出版社
QUNYAN PRESS
·北京·

图书在版编目（CIP）数据

行走在教学智慧的路上 / 孔艳华著 . -- 北京：群言出版社，2017.11

ISBN 978-7-5193-0344-0

Ⅰ. ①行… Ⅱ. ①孔… Ⅲ. ①教育—文集 Ⅳ. ①G4-53

中国版本图书馆 CIP 数据核字（2017）第 267585 号

责任编辑：王　聪
封面设计：逸品书装

出版发行：群言出版社
地　　址：北京市东城区东厂胡同北巷 1 号（100006）
网　　址：www.qypublish.com（官网书城）
电子信箱：qunyancbs@126.com
联系电话：010-65267783　65263836
经　　销：全国新华书店

印　　刷：北京京华虎彩印刷有限公司
版　　次：2018 年 5 月第 1 版　2018 年 5 月第 1 次印刷
开　　本：880mm × 1230mm　1/32
印　　张：8
字　　数：175 千字
书　　号：ISBN 978-7-5193-0344-0
定　　价：36.80 元

序

教育是一项既使学生变得聪明又使其变得善良的事业。这是教育之为教育的品质所在，也理应成为有职业理想与职业情怀的广大教师的职业追求。这一目标的达成首先需要教师自身要有智慧、有德行，否则，学生不大可能变得聪明和善良。在我们的教育生活中，在学校的课堂教学中，知性教学的泛滥、智慧因子的阙如，已经成为一种普遍的、无时不令人忧虑的现象。相当多的课堂教学，充斥其中的是知识的授受与串联，我们的老师辛苦而笨拙地纠缠于知识点的教授、考点的汇总与答疑，不厌其烦、喋喋不休地进行所谓的“循循善诱”、点拨诱导，目的只有一个：记住解题的技巧与答案。至于对原点问题的思考、推论、判断及其内蕴其中的价值观、方法论，则全然予以省略了。这里，表面看是教师功利性教育价值取向使然，实则乃教师教学智慧匮乏的表现。即是说，教师本身教学智慧的亏欠乃导致课堂教学缺乏智慧含量、缺乏教学魅力与吸引力的根本症结所在。这意味着，教师自身素质的欠缺已经成为制约教育变革的致命因素。卓越的教育需要卓越的教师，此乃教育常识。任何教育改革若不着眼于如何提高教师的教育价值观和综合素质，而仅想当然地局限于某一课程理念、某一教学模式、某一教学技巧的革新，那么，这种教育改革因不能触动教师自我革新的意识、触发其自我完善的冲动而无一例外地遭致失败或失效的必然命运。

教师教学智慧的获得，需要教师立足真实而生动的教育场域与教学场景，在反思性教学实践中，在教学互动与教学相长的体验中，在一个个教学课例、案例、学例的行动性研究与参与式研究中，揣摩而成、实践而成、水到渠成。简言之，教师的教学智慧需要三个条件：有心，反思，实践。曲阜师范大学附属小学的孔艳华老师就是这样一个有心人，一个长期立足教学现场、自觉养成教学反思意识与能力的优秀教师。在她身上有许多令同行羡慕的称号：山东省特级教师；山东省教学能手；济宁市优秀教师；济宁市杏坛名师；济宁市骨干教师；曲阜市名师；课程教材研究所人教版优秀教师；山东省齐鲁名师讲堂人选；连续多次被聘为山东省远程研修课程专家等等。这些荣誉的获得源于她 25 年来形成的教学实践能力、教学反思能力。这本名为《行走在教学智慧的路上》的著作，即是孔艳华老师对自身教学实践的反思与体悟，是基于教学一线的实践性研究心得。这本著作既有其关于小学数学的教学研究的自我心得体会、小学数学教学实践的鲜活的课例设计，又有其针对不同教学主题的课例反思，还有作者本人对教育、教学、数学的随笔性感悟。给我最突出的感受是：真实、鲜活且富有想象力。在我的印象中，孔艳华老师是一个有教育情怀、有教学激情、有教学智慧的教师。她的课紧密联系生活，不落俗套，趣味横生，受到同行的高度认可和学生的广泛喜爱。记得 2013 年她跟随我攻读教育管理专业硕士研究生时，就将其点滴积累而成的十几篇课例分析交给我，让我提出意见。她后来的硕士论文《不同教学方法对小学数学问题解决的实践研究》就源于这些课例分析的实践反思与总结提升，论文获得答辩委员会的一致好评。她的这些实践研究成果，在本书中也得到了某些体现。

教育是一项呼唤智慧也需要智慧的崇高的事业。唯盼千千万万的中小学教师都能像孔艳华老师那样，做一个追求教学智慧、践行教学智慧、反思教学智慧的有品位、有追求、有境界的优秀教师。如是，则教育甚幸，孩子甚幸，中华民族甚幸。

弁而言之，是为序言。

唐爱民

2017年8月6日

【序作者系全国德育学术委员会理事，山东省中小学德育委员会副理事长，曲阜师范大学教育学院院长兼教育科学研究院院长、教授、教育学博士】

目录

第1章　教师风采——辛勤耕耘，快乐幸福

——访山东省曲阜市鲁城街道书院街小学教师孔艳华

自从踏上讲台的那天起，她就在教育的芳草地上编织着一个美丽的梦，那就是要做一名优秀的小学教师。

“四度春风化绸缪，几番秋雨洗鸿沟。黑发积霜织日月，粉笔无言写春秋。蚕丝吐尽春未老，烛泪成灰秋更稠。春播桃李三千圃，秋来硕果满神州。”在鲁城街道书院街小学，就有这样一位平凡而不简单的教师。她在教育这块园地里辛勤耕耘，用粉笔为自己的教育事业写下了不平凡的乐章。她就是山东省曲阜市鲁城街道书院街小学的青年教师——孔艳华。

有人说她是事业的宠儿，成绩总是微笑着向她走来，而她只坚信一句话——勤勤恳恳地做，踏踏实实地走。

孔艳华老师给我们的第一印象是温柔、低调、务实。她爱笑，深入交谈之后你会发现，这笑中蕴藏着坦诚、执着、乐观以及坚强。

热爱教育，更爱学生

教师是一项很崇高的事业，孔老师热爱教育，更热爱孩子们，把做一名好教师作为其一生的追求目标。高尔基说过：谁爱孩子，孩子就爱他。作为一名教师，孔老师深深地体会到：“教育的秘诀是爱。”爱是教育的基石，爱是教育的主旋律，爱是教育永恒的主题。只有把“师爱”无私地洒向班级的每一个角落，才能让每一个孩子都沐浴在爱的阳光里，都对生活和未来充满信心，也只有这样，才能使一株株幼苗茁壮健康地成长。班里有个女孩，她父母整天忙于做生意，生活学习无人照料，学习成绩不断下降。当孔老师看到她呆滞的眼神、一脸的无所谓时，心情非常沉重，教师的责任感油然而生。课上，孔老师注重对她的提问，对她的点滴进步及时进行鼓励，平常挤时间给她补课。渐渐地，那女孩开始认真听课了，还经常举起自信的小手，数学成绩也不断提高，最终达到了优秀。女孩的眼睛焕发出了光彩，又恢复了原本拥有的灿烂笑容。她的母亲每次见到孔老师都非常感激，总是谢了又谢。真爱如雨，润物无声，育人无痕，孔老师用真心换来学生的真心，更换来了家长的信任。

钻研教法，精益求精

1992 年秋，孔老师满怀着无限的热情，踏上了神圣的三尺讲台，开始了辛勤的耕耘。初为人师的她虽有激情，却常常感到苦恼和困惑：课堂上，她的话激不起学生情感的涟漪，从孩子们的目光中，她读出的只是陌生与隔阂。此时，孔老师真切地感受到：现实远不及梦想那么单纯唯美，儿时的梦想与现实之间还有一条漫长而艰辛的道路。要使梦想逐渐与现实重合，必须坚定执着地追求，付出不懈的努力。有一次市教研室的老师第一次听孔老师的“用字母表示数量关系”这节课，教研室老师非常委婉地指出了课堂上的不足。当他们第二次来指导孔老师的“十几减 9”课时，那节课他们连续听了三次，在一次次的否定、肯定下，孔老师带着这节课参加了济宁市教学基本功的评选，虽然只获得了二等奖，但从那时起，孔老师知道自己在课堂教学方面需要学习的地方还有很多。为提高教学质量，孔老师刻苦钻研教材，广泛阅读教学书刊，在教学设计上下功夫，着眼于提高四十分钟的教学效益，并注重学生的能力培养，以“轻松、愉快、自主学习”作为教学目标，大胆尝试“自主学习法”，从大处着眼，注重激发学生学习兴趣。孔老师在教学上孜孜不倦探索教学方法，针对当前的小学数学课堂存在教学效率低下，学生过于依赖教师的现状，提出了以“主问题导学”为基本框架的新的教学模式。目的是要解决课堂教师讲得多、学生说得少的“满堂灌”问题；解决教学过程中各个层次学生参与学习问题；解决学生过于依赖教师，缺乏主动学习问题；解决落实“双基”问题。孔老师的教学总能做到常教常新，她的课堂变得自然随和、充满生机和活力，她和蔼的教态、沉稳的教风赢得了学生的喜爱，家长的好评。

辛勤耕耘，收获辉煌

多年来，孔老师辛勤耕耘在教育这片沃土上，用爱心、耐心，更用慧心把梦想变成了现实，先后获得山东省特级教师、人教版优秀实验教师、齐鲁名师大讲堂人选、济宁市杏坛名师、济宁市优秀教师、曲阜市名教师、曲阜市优秀教师、曲阜市首届十佳青年教师、曲阜市鲁城街道名教师。所执教的课被评为山东省教学能手、济宁市教学能手、济宁市学具优质课一等奖、济宁市数学优质课一等奖，同时还多次在全国第二届两岸三地同课异构教学研讨会、曲阜市教学研讨会、曲阜市青年教师经验交流会、送课下乡上执教示范课，先后承担了省级课题 1 项、济宁市级课题 2 项，所撰写的论文有 3 篇在省级刊物上公开发表。

孔老师秉承着“轻松、愉快、自主学习”的理念，勤恳敬业，踏踏实实地教书育人；遵照着“授之以鱼不如授之以渔”的宗旨，注重对学生能力的培养，因材施教，不仅让他们学会知识、学会求知，还教学生学会做人。她辛勤耕耘收获了累累硕果。面对成绩和荣誉，孔老师认为，在分享梦想的同时，也感受到了沉甸甸的分量。这些荣誉对于她来说还太重、太沉。她说要把这些荣誉看作是一种鞭策，激励自己坚定不移地在教学岗位上不断攀登、勇往直前。她相信：还有更高的山峰需要她去攀登，还有更广阔的天地待她去开拓。如今，她正以百倍的精神，旺盛的精力，在教育这片沃土上孜孜以求地探索着、耕耘着、播种着。我们相信，她的努力探索必将赢得明天更可喜的收获，她的耕耘付出必将使她青春的事业更加熠熠生辉！

第2章　教学研究——经验总结，成果提升

小学数学教师教学方法使用情况的调查分析

摘　要：本文在分析当前数学教学存在的弊端以及数学教学的重要性的基础上，对当前小学数学教师使用的教学方法进行了访谈、问卷调查，在此基础上进行分析、归纳总结，以期了解现阶段课程改革下教师教学方法的使用情况，并提出合理化的对策建议。

关键词：数学教学；教学方法；课程改革

数学是基础教育阶段影响学生认知发展、计算与推理能力、生活实践能力乃至全面发展素质之最重要的基础学科之一。小学数学则是影响青少年学生运用数学知识解决数学问题、形成数学能力的基础学科，其教学效果对基础教育的质量和学生综合素质具有直接而重要的影响。科学有效的教学方法直接制约着数学学科的教学质量和教师的教学水平。然而，传统的灌输式教学方法在小学数学课堂中依然常见，这不仅影响阻抑着新课程改革的目标实现，使学生无法从被动地接受容器转化成为主动参与学习的主体，而且也压抑了学生数学学习的兴趣与效率。伴随着课程改革的逐渐深入，教师在具体的教学工作中根据教学目标的不同，选择不同的教学方法进行教学，从而形成不同的课堂氛围，获得不同的教学效果。

因此，在小学数学课堂教学中教学方法的选择对于学生数学的学习就显得尤为重要。

一、对小学数学教师教学方法使用情况的访谈

（一）访谈内容设计

1. 访谈目的

通过广泛阅读书籍和文献，本人对数学教育理论和当前的数学教学改革的思想有了一定的把握。同时，基于本人多年的小学数学教学经验，在对数学教学方法中可能存在的问题以及现状进行深刻的反思后，试图运用访谈法与更多的一线教师进行交流，以期更加深入、全面地了解小学数学教师对课程改革的态度、教学方法的使用情况等内容。

2. 拟定访谈内容提纲及设计理念

（1）您热爱教师工作吗？请您简单谈一下工作感受。

设问目的：作为访谈的开场问题，营造安全舒适的访谈氛围，帮助受访者尽快融入访谈关系中。

（2）您了解《基础教育课程改革纲要（试行）》和《义务教育数学课程标准（2011 年版）》吗？您在从事数学教学过程中会参照这两份文件吗？

设问目的：调查小学数学教师对教学指导文件的了解程度以及落实情况。

（3）在课堂教学过程中，您经常使用的教学方法有哪些？您觉得这些方法有哪些优点和缺点？

设问目的：了解目前一线小学数学教师教学方法的使用现状，同时了解教师对教学方法的评价。

（4）您认为课堂教学中最理想的教学方法是什么？

设问目的：进一步调查教师对教学方法的态度。

（5）从总体现状来看，您认为当前小学数学教学方法有哪些值得称赞的地方？又有哪些不足之处？对此您有什么建议？

设问目的：调查教师对小学数学教学方法现状的整体评价，为教学工作中存在的问题提出合理化建议。

（6）从个人角度来看，您认为您今后在数学教学方法的使用中应注意哪些问题，并会做出怎样的改善呢？

设问目的：通过促进教师对自身教学工作的反思，进一步了解数学教师在教学方法中可能存在的问题，促进本研究更好地联系教学理论与实际进行后续研究。

（二）访谈对象

访谈对象主要是来自山东省曲阜市某小学的一线数学教师，重点采访了 5 人，其中男性教师 1 人，女性教师 4 人，平均年龄为 36 岁，平均教龄为 10 年。

（三）访谈过程

（1）访谈地点：曲阜某小学教师活动室。

（2）访谈时间：2016 年 10 月 9 日—2016 年 10 月 16 日，学生的课外活动时间。

（3）访谈内容记录（节选）。

①访谈记录一。

接受访谈者基本情况：小学某部年级主任（小学部教研组

长），数学任课教师，教龄 21 年。

访谈者：您热爱教师工作吗？

受访者：我非常喜欢现在的教师工作。从教二十多年，每天与孩子相处，简单而轻松，没有负担，工作压力也不大，比较得心应手。通过近些年的努力工作，也收获了特别理想的工作业绩，感觉还是非常幸福的。

访谈者：可以看出您对所从事的工作有着很高的认可，您也是一位教师骨干了。在您二十多年的工作中，您经常使用的课堂教学方法有哪些？

受访者：我经常使用的教学方法有讲授法和讨论法。

访谈者：那么，您觉得这些方法存在哪些优点和缺点呢？

受访者：我感觉讲授法的优点是节省时间，课堂效率高，教学容量大；但缺点是学生自主思考的时间有限。讨论法的优点是同学之间可以智慧共享，相互学习，相互启发；缺点是占用时间较多，课堂节奏把握不好，有时会出现练习时间不足的问题，而且也存在个别学生不动脑思考，不参与课堂讨论，有依赖老师的习惯。

访谈者：好的，那您认为课堂教学中有没有最理想的教学方法呢？

受访者：我感觉没有哪种教学方法能够在通常意义上谈得起“最理想”，这也得因时而异吧。

访谈者：那您的意思是不存在理想的教学方法吗？

受访者：倒也不是，所谓的“最理想”的教学方法是要了解学生的学情，依据学生已有知识经验制定符合实际的教学方法，所谓“教学有法，教无定法，贵在得法”。

访谈者：在实际的教学中，您对于“最理想”的教学方法的理解是“教学有法，教无定法，贵在得法”。

②访谈记录二。

接受访谈者基本情况：小学数学任课教师，教龄 2 年。

访谈者：您了解《基础教育课程改革纲要（试行）》和《义务教育数学课程标准（2011 年版）》吗？

受访者：我刚开始参加工作时，学校就给我们新任课教师发放了一本《义务教育数学课程标准（2011 年版）》，我也只是粗略地读了读，对于其中内容的了解还是非常粗浅。而对于《基础教育课程改革纲要（试行）》这个内容在新任教师岗前培训中已经学习了，对一些内容有所了解。

访谈者：看来您已经了解了这两份文件的内容，那么您在从事数学教学过程中会参照这两份文件吗？

受访者：如果说是参照，不是照本宣科，应该是不自觉的行为，多少会在自己的教学过程中有所体现的。

访谈者：您在教学中会经常使用什么方法呢？

受访者：其实我也没有刻意使用哪种教学方法，个人比较喜欢借助多媒体上课，对孩子们有吸引力，他们会非常认真地听讲、积极地回答问题，而且也能提高课堂效率，减少板书的时间。

③访谈记录三。

接受访谈者基本情况：小学数学任课教师，教龄 15 年。

访谈者：从总体现状来看，您认为当前小学数学教学方法有哪些值得称赞的地方？又有哪些不足之处？对此您有什么建议？

受访者：我认为当前教师采用的教学方法非常灵活，值得称赞的是，教师在教学过程中既能很好地继承原有的教学方法，又能在此基础上尝试一些新的教学方法，如小组讨论法、情境教学法、自主学习法、多媒体教学法等，能够激发学生数学学习的兴趣，提高数学学习的积极性；不足的地方体现在教师对各种不同的教学方法的领悟不同，有的教师仍然习惯于一问一答式的课堂教学，有的教师把多媒体教学当作自己的教学设计和教学过程，过度渲染多媒体教学的优势，有的教师仍然囿于自己所知的几种教学方法，不敢对新的教学方法进行实践和应用。

访谈者：从个人角度来看，您认为您今后在数学教学方法的使用中应注意哪些问题，并会做出怎样的改善呢？

受访者：我认为数学教学方法的使用应注意结合具体的教学内容，合理恰当地选择教学方法，使教学方法为教学内容服务。作为一名中青年教师，我非常希望能在每年的远程研修中多学习一些有关教学方法方面的内容，熟悉现阶段各种教学方法的优缺点，掌握各种教学方法在课堂教学中的灵活应用，以便更好地为课堂教学服务。

二、对小学数学教师课堂教学方法运用的问卷调查

（一）问卷调查的目的

用问卷调查法对访谈法进行补充研究，旨在通过调查更多的一线教师，全面了解小学数学教师对课程改革、课堂教学方法的态度和实践等内容。

（二）问卷调查对象

问卷调查的对象主要是曲阜市多所小学的数学教师，发放

问卷共30份，回收30份，调查对象详细情况见表2-1。

表2-1 问卷调查对象基本信息统计(人数)

性别	男		女	
	8		22	
教龄	2年及以下	3～5年	6～10年	10年以上
	5	7	2	16
年龄	20～30岁	31～40岁	41～50岁	51～60岁
	7	9	12	2
学历	中专及以下	大专	本科	研究生
	0	4	25	1

(三)问卷调查结果汇总

问卷调查的结果显示，绝大多数教师都非常热爱所从事的教学工作，同时能够在较大程度上了解并践行新课改的内容。但是，新课改所取得的实际成效，仍有待提高，教师对于教学方法的灵活使用欠佳，仍以讲授法、讨论法和多媒体教学法为主。

对教师调查问卷的简答题答案提炼如下：

(1)小学数学教师经常使用的教学方法及其优缺点。

①讲授法。

优点是发挥教师主导作用，便于使用，抓住重点，突破难点，精讲多练，当堂消化，利于学生掌握大量知识，对于数学考试成绩的提高有明显的促进作用。缺点是不容易引发学生的学习兴趣，缺乏学习主动性，使得学生在理解方面有所欠缺，对于听课习惯差的学生不适用，另外，对一些操作性、实践性强的内容利用这些方法不易讲透。

②讨论法。

优点是能够激发学生的积极性和主观能动性，有利于优生带动学困生，增进师生交流，效果较好；尤其适用于观察、探究图形的特点结构，增强直观印象，利于掌握。缺点是不利于教师课堂管理，不利于提高课堂效率；对教师的课堂驾驭能力要求会更高，个别学生不主动参与课堂活动，需要教师进行积极引导。

③多媒体教学法。

优点是形象直观，利用文本、图片、音频和视频等资料，容易吸引学生的注意力，特别是对于一些抽象难懂的知识，利用多媒体教学可以使知识化难为易，有效缩短教学时间，提高课堂教学效率，较好地辅助课堂教学。缺点是教师在课件的制作上花费时间较多，导致对教材的挖掘深度不够；教师过度依赖多媒体课件，学生被动接受教师课件呈现的内容，学生思考问题的深度不足；有的课件内容代替了教师必要的板书，有些本末倒置。

④发现法和演示法等仅有个别问卷回答中略有提及。

（2）小学数学教师课堂教学中最理想的教学方法。

问卷大多数回答为讲授法、讨论法和多媒体教学法等多种方法结合使用。

（3）小学数学教师对当前数学教学方法的优点和弊端评价。

教师在课堂上能够恰当地使用教学方法，教学技术改革成效显著，班级多媒体让学生享受到信息社会学习的便利，丰富了学生的视野，教师使用多媒体辅助教学已成为常态，课堂教学更加有趣、丰富。但是教学改革后劲不足，教学目标有些拔高，教学思想和方法欠多样性，教师教学方法创新使用严重滞后；教师对于教学方法和学习方法内涵界定不清，对于教学方法的使用还缺乏有效的指导；教学班额过大，小组讨论学习教师无法全面进行指导聆听，不利于因材施教；德育教育缺乏系统性，教学方法亟待培训，学生核心素养有待提升。

三、访谈与问卷调查总结

（一）当前小学数学教学方法运用的成效

通过对一线小学数学教师的访谈和调查发现，伴随着基础教育的一系列改革措施，当前数学教育处于不断地进步之中，主要表现在以下几个方面：

第一，从事数学教学工作的教师素质不断提高。不仅表现在自身的专业知识水平上，同时也表现在工作能力、教师素养等方面。比如，访谈教师全部为大学本科及以上学历，全员参加了山东省为期 5 年的教师远程研修培训学习，其中含有省课程专家和省指导教师各一名。

第二，数学课堂教学方法更加多样化。中青年教师大都能熟练掌握多媒体教学设备的使用，尤其是新晋教师更加倾向于在教学过程中借助教学设备和仪器，有利于提高教学效率。比如，在受访的学校中，90.6% 的教师能够进行电子备课，多媒体能够做到班班通，受访教师有 80% 经常使用多媒体教学设备进行教学。在访谈和调查中，有的教师非常善于总结教学中使用教学方法的经验，如不同的课型使用不同的教学方法；有的教师善于选取不同的教学方法应用于自己的课堂教学；还有的教师打破原有数学教学方法，能够创造性地使用新的教学方法，如微课教学。

第三，教师的教学观念有了很大的改善。教师除了认真研读课程标准、深入挖掘教材知识外，更加重视对数学教学方法的研究，注重学生获取知识的能力的培养，以促进学生核心素养的提升。比如，某教师在访谈过程中谈道：“现在的教学方法值得称赞的地方是以学生为主体，尊重学生，以生定教，站在学生的角度，选取合适的教学方法，给予学生质疑问难的机会，使得师生氛围和谐融洽、民主平等……教学过程中注意激发学生学习数学的兴趣，积极选择有效的教学方法和教学手段，有效引导学生掌握解决问题的方法。”

（二）当前小学数学教学方法运用的问题

当然，在访谈和问卷调查的过程中也暴露出当前小学数学教学方法存在的许多问题，主要概括为以下几个方面：

第一，重视知识内容的挖掘，轻视教学方法的选取。通过对部分教师的访谈了解到，除了所谓的“公开课”“展示课”“优质课”，教师在教学设计中会考虑教学方法的选择与应用，但是在实际的课堂教学中，大多数教师仍然习惯于对知识内容的挖掘，习惯于按部就班的课堂教学方法，习惯于学生学会知识、掌握知识的程度，教学方法的选取也只是呈现在教师的备课中，没有具体落实到课堂教学中，甚至在备课中教师根本就没有考虑过选择何种教学方法进行课堂教学，更多的是跟着感觉走。

虽然大部分教师能够意识到数学教学方法在课堂教学中的作用，但是在教学评价体系和升学压力下，在实际教学中教师依然倾向于重视知识内容的挖掘，轻视教学方法的选取。

第二，小学数学教学方法仍旧较为单一、低效，以教师单向度讲授代替问题讨论等的教学方法仍占主导。在访谈过程中了解到，虽然学校的办学条件和设备在不断改善，多媒体实现了班班通，但是原有的教学模式却非常难以突破，课堂教学仍旧以单向度的讲授为主。教师在教学中经常会出现“替代思维”的现象，使得学生在学习的过程中甚至无须过多动脑，顺着教师的教学思路就能达到教学目标，学生没有经过独立思考或讨论，只吃“喂到嘴边的食物”，这有违维果斯基的“最近发展区”理论，而且是一种封闭式教学的体现。

第三，多媒体教学独领风骚，其他教学方法黯然失色。随着学校硬件设施的改善，多媒体教学显示了前所未有的教学优势，教师通过下载互联网上现成的多媒体课件，稍加修改或完全应用，替代了教师的备课，替代了教师教学方法的选择，课堂上呈现出了教师随着课件的播放按部就班地进行知识的教学，学生的思考空间被挤压，教师必要的板书也成为一种奢望，只要稍微出现一些故障，教师就不知所措，不知如何应对，这严重背离了课程标准对教师教学方法的要求。

四、教学方法在小学数学课堂教学中的对策建议

（一）加强对小学数学教师教学方法的培训

要使不同教学方法贯彻到数学课堂教学过程中，教师本身的教学素质十分重要。促进小学数学教师由新手型教师向经验型、专家型教师转变，应增加对教师队伍的科学化、全面化培训。数学教师不仅应当掌握深厚的学科知识，还应该具备一定的教学反思、总结和研究能力。从更高的层面上看，数学教师作为教育工作的直接实施者，对学生的影响是持久而深刻的，

在教授学科知识的同时，对学生思维方式和判断能力的形成也发挥着重要作用。那么，对教师进行不间断的教学理念、教学方法的培训就显得尤为重要。

（二）指导小学数学教师在课堂教学中灵活运用多种教学方法

在数学课堂教学中，各种方法都有其利弊，教师应遵循“教有法，无定法”的原则。杜威主张“教育过程就是它本身的目的，它自己之外便无目的”，强调教学活动本就是教育的价值所在，不必刻意规范目的或是标准。然而，教师可能经常拘泥于教学目标，而忽视教学方法的灵活使用。

因此，教师首先应该打破原有教学思维的禁锢，对教学模式进行重新评价，了解各种教学方法，清楚各种教学方法的内在含义和适用情境，树立正确的方法观，保持灵活创造的意识。教学活动中的创造必须是基于实践和反思而进行的，创新一旦被复制就可能转化为教条化和形式化的内容。此外，教师还应对学生有全面、客观的评价，了解学生数学学习的基础及其学习能力，以学生为中心展开教学。唯有这样才能在实际教学过程中，因材施教、有的放矢地灵活运用各种教学方法展开课堂教学。

（曲阜师范大学教育管理专业在职教育硕士论文答辩部分内容节选）

论数学观下素质教育的培养

素质是一个与文化有着密切联系的概念，其内涵处在不断变化、发展的动态之中。从社会学角度来看，一个人的素质可以理解为，他为了适应社会的变化和发展应具备的心理准备状态。为了适应知识经济时代的挑战，素质就是竞争力、适应力和创造力。根据马克思主义的观点，可以认为素质的本质含义就是人的全面发展。综合以上观点，结合数学文化的特征，较为一致的观点是，数学素质是人为适应知识经济时代的挑战，应具有的数学文化各个层次的整体素质，包括数学的观念、知识、能力、思维、方法，数学的精神、交流、思维、判断、评价、欣赏以及运用数学的思想、方法去处理学习和工作中所遇到的问题的科学精神。现就数学素质的培养分五个方面进行论述。

一、关于数学知识素养的培养

数学知识素养的培养目标是：通过中小学数学教育使学生掌握数学里最基本、最普遍、最重要的代数和几何基础知识，同时使学生尽量多地学习一些近代和现代数学的初步知识，从而使他们具备当前社会中每一个公民能适应日常生活，参加生产劳动及进一步学习所必需的数学基础知识与基本技能，特别是掌握一些基本数学思想方法。根据这一目标，中学数学教育所选讲的知识从量上讲，应以“最低限度”为当；从质上讲，应在两个方面向上努力：一是“横”向上的延伸，即扩大知识面；二是注重“纵”向上的哲学升华，即加强思想方法的教学。总之，一个目的就是不仅让学生掌握数学根本原理、方法，更重要的是，使学生充分了解这些原理、方法对客观存在的“覆盖”范围或应用范围。

二、关于数学能力素养的培养

中学数学教育关于能力的要求和培养目标的问题，一直是数学教育研究，特别是数学教育心理学研究的一个重大课题，也是个有争议的问题。我们认为，中学数学教育关于能力的培养目标，主要是在“技能→智能”间进行，而数学能力则主要是一种比较高级和处于核心地位的智能。综合一些文献的论述，可以将数学能力培养目标表述为：培养学生的逻辑思维能力、运算能力、记忆能力、语言表达能力、空间想象能力，并进一步形成学生运用数学知识去分析和解决问题的能力，在这些能力中，应以培养学生的逻辑思维能力为核心。另外，数学随着人类文化史上罕见的发展浪潮也在疾驰向前，不具备数学自学能力和没有创造性的人是无法适应知识经济时代的，因此，从一定意义上讲，自学能力和创造性思维能力是最重要的数学能力。

三、关于数学交流素养的培养

数学作为现代文化的重要组成部分，其语言日益成为人们交流的科学语言，学会数学交流是当今国际数学教育共同关注的内容。数学交流主要包括三个方面：①数学思想的表达。把自己的思想通过直观的或非直观的、口头的或书面的、普通语言的或数学语言的形式表达出来；②数学思想的接受。以听、读、看、摸等方式接受来自他人的思想；③数学思想载体的转换。把数学思想从一种表达方式转换成另一种表达方式，如把一个概念用图形或符号表示出来，把图表或实物模型转化成符号或语言等。

四、关于数学品质的培养

数学品质素养是学生学习数学知识以及今后从事研究或工作所应具备的精神气质和个性特征，它体现了人格的力量，是数学与品质的结晶。从某种意义上讲，学生数学品质素养的培养比知识素养和能力素养的培养有着更远大的意义。也正因为如此，数学品质素养的培养更艰难，在培养学生良好的数学品质时，可从以下几个方面入手：①强调数学的严谨求实精神；②激励执着追求的创新精神；③显示数学透过现象抓住本质的精神；④体现谋求从多种途径解决问题的精神；⑤贯彻数学与生活紧密相关的应用精神。这样可以使学生受到良好的思维训练，并养成精确、严密地处理问题的习惯，以及运用数学的思想、方法处理事物的科学精神。

五、关于数学观念的培养

数学观念是人们对数学的基本看法和概括认识，是数学思维和现代人类思维的重要特征之一。一方面，它是在数学知识的学习、思维的训练、能力的提高等过程中逐渐形成的；另一方面，已形成和正在形成的数学观念又将反过来对数学学习起到调整、定向，直至向更高层次推进的作用，它既是哲学观念的具体体现，又是数学思维活动的产物，诸如推理意识、整体意识、抽象意识、化归意识、审美意识等等，都是数学观念的具体内容。

数学素质作为现代人的一种必备素质，是人的整体素质的一个有机的组成部分。数学素质教育是提高国民整体素质的基本手段，通过数学教育使学生获得一定的数学知识，这不仅是提高文化素质的一个显而易见的方面，更为重要的方面，则是要用数学的精神、思想和方法教育学生，使其在情感、意志、品质及思维方法方面，受到广泛的熏陶。只有把这两方面结合起来，才能很好地体现党的教育方针，从而培养出大量的能适应知识经济时代向我们提出挑战的创新性人才。

小学生数学文化学习现状的调查分析

摘　要：《义务教育数学课程标准（2011 年版）》指出：数学是人类文化的重要组成部分。随着新课程改革的进一步深入，数学文化作为教材的组成部分，与学生学习数学的兴趣、学习成绩的提高以及学习素养的提升等密切相关。本文在对曲阜市某小学采用问卷调查的方式，对当前小学生数学文化学习的状况进行了调查。结果表明：性别、成绩、年级是影响小学数学文化学习现状的重要因素；对数学文化学习兴趣高的学生同时也有很好的数学文化学习的素养。

关键词：数学文化；学习兴趣；数学素养；学习成绩

一、调查目的

通过调查现阶段小学数学课堂文化教学的现状（以曲阜市某小学 4 ～ 6 年级的学生为例），分析数学文化受其他因素的影响，为提高学生数学学习的兴趣、提升数学学习素养、增强教师对数学文化课堂教学的重要性和必要性提供理论支持。

二、问卷设计

依据小学生的年龄特征、学习兴趣，结合教材关于数学文化的内容，对 4 ～ 6 年级的学生进行调查。问卷共包含 16 个条目，分为 4 个维度，依次为学生对数学文化的兴趣，教师对数学文化的讲授，学生数学文化的素养，教师对数学文化的评价。每一个维度有 5 个采分点。在下面的讨论中，我们对 4 个维度进行了数据的分析，分别是独立样本的 t 检验、方差分析和 Pearson 相关分析。其中方差分析和 Pearson 相关分析是本论文采用的主要分析方法。统计软件是 SPSS 17.0。在三个年级学生的 t 检验中，性别和成绩是自变量，4 个维度是因变量；在方差分析中，年级是自变量，4 个维度是因变量；在 Pearson 相关分析中，4 个维度是 4 个变量。

三、问卷调查对象

曲阜市某小学 4 ～ 6 年级学生，总人数 157 人，发放问卷共计 157 份，收回 154 份，回收率 98.1%，被试分布情况见表 2-2。

表 2-2　小学数学文化学习现状的被试分布情况表

项目	类别	人数	百分比（%）
性别	男	83	53.9
	女	71	46.1

续表

项目	类别	人数	百分比（%）
成绩	90 分以下	25	16.2
	90 分及以上	129	83.8
年级	四年级	51	33.1
	五年级	52	33.8
	六年级	51	33.1

四、调查结果分析

1. 不同性别学生在小学数学文化学习现状维度上的比较

表 2-3 给出的是不同性别的学生在 4 个维度上的均值比较。不同性别的学生都在教师对数学文化的重视程度的维度上取得了最大值，并且男生的均值（M=2.68）要大于女生的均值（M=2.67），不同性别的学生都在学生对数学文化的兴趣的维度上取得了最小值，并且男生的均值（M=1.87）要大于女生的均值（M=1.70）。分析结果表明，不同性别的学生在教学过程中都感受到了教师对数学文化的重视，但是，不同性别的学生都没有产生足够的对数学文化学习的兴趣；同时，也可以看出，不同性别的学生在各个维度上的均值差异很小，进一步的 t 检验显示，不同性别的学生在学生数学文化的素养的维度上具有显著性差异（$p=0.004<0.05$），说明不同性别是影响学生数学文化素养的重要因素，其中男生相较于女生更加注重数学文化素养的发展。

2. 不同成绩的学生在小学数学文化学习现状维度上的比较

表 2-4 给出的是不同成绩的学生在 4 个维度上的均值比较。

表 2-3　不同性别的学生在各个维度上的均值比较

	男		女	
	M	SD	M	SD
学生对数学文化的兴趣	1.87	0.79	1.70	0.51
教师对数学文化的讲授	2.55	0.74	2.33	0.80
学生数学文化的素养	2.40	0.86	2.04	0.62
教师对数学文化的评价	2.68	0.95	2.67	0.87

不同成绩的学生都在教师对数学文化的评价维度上取得最大值，90 分以下学生的均值（M=3.09）大于 90 分及以上学生的均值（M=2.60），不同成绩的学生都在学生对数学文化的兴趣维度上取得最小值，90 分以下的学生的均值（M=2.46）大于 90 分及以上学生的均值（M=1.66）。分析结果表明，不同成绩的学生在教学过程中都感受到了教师对数学文化的重视，但是不同成绩的学生都没有产生足够的对数学文化学习的兴趣；同时，可以看出，不同成绩的学生在各个维度上的均值差异很小，进一步的 t 检验显示，不同成绩学生在学生对数学文化的兴趣（$p=0.001<0.05$），教师对数学文化的讲授（$p=0.000<0.05$），学生数学文化的素养（$p=0.000<0.05$）和教师对数学文化的评价（$p=0.013<0.05$）4 个维度上具有显著性差异，说明学生成绩的不同是影响小学数学文化学习现状的重要因素，其中 90 分以下的学生相较于 90 分及以上学生更加重视数学文化的学习。

3. 不同年级的学生在小学数学文化学习现状维度上的比较

不同年级的学生在 4 个维度上的均值比较见表 2-5。进一步的方差分析显示，从检验概率来看，各个维度上的 p 值均大于 0.05，说明各个维度的方差在 $\alpha=0.05$ 水平上没有显

表 2-4　不同成绩的学生在各个维度上的均值比较

	90 分以下		90 分及以上	
	M	SD	M	SD
学生对数学文化的兴趣	2.46	1.01	1.66	0.51
教师对数学文化的讲授	2.96	0.80	2.35	0.73
学生数学文化的素养	3.03	0.94	2.08	0.64
教师对数学文化的评价	3.09	0.99	2.60	0.88

著性差异，即方差具有齐次性。从各个维度的方差分析结果看：学生对数学文化的兴趣，方差检验的 F 值为 11.165，$p=0.000<0.05$；教师对数学文化的讲授，方差检验的 F 值为 16.832，$p=0.000<0.05$；教师对数学文化的评价，方差检验的 F 值为 5.522，$p=0.005<0.05$。这说明学生对数学文化的兴趣，教师对数学文化的讲授和评价这三项在 $\alpha=0.05$ 的水平上具有显著性差异。在事后的两两检验分析中，发现在学生对数学文化的兴趣和教师对数学文化的评价这两个维度，四年级与六年级之间（$p=0.001<0.05$）以及五年级与六年级之间（$p=0.000<0.05$）具有显著性差异，在教师对数学文化的讲授这一维度，四年级与五年级之间（$p=0.004<0.05$）以及五年级与六年级之间（$p=0.008<0.05$）具有显著性差异。在 S-N-K 法的多重比较后显示，在学生对数学文化的兴趣和教师对数学文化的评价两个维度上，四年级和五年级与六年级之间具有显著性差异，在教师对数学文化的讲授这一维度上，四年级和六年级与五年级之间具有显著性差异，说明不同年级的学生在小学数学文化学习状况上有所不同，其中四年级和六年级的学生相较于五年级的学生对数学文化有着更好的学习兴趣，在教学

过程中体会到了对数学文化的学习，并感受到了教师对数学文化的重视。

表 2-5　不同年级的学生在各个维度上的均值比较

	四年级		五年级		六年级	
	M	SD	M	SD	M	SD
学生对数学文化的兴趣	1.66	0.42	1.59	0.47	2.14	0.92
教师对数学文化的讲授	2.58	0.63	2.00	0.64	2.77	0.83
学生数学文化的素养	2.20	0.62	2.14	0.63	2.37	1.02
教师对数学文化的评价	2.51	0.71	2.50	0.84	3.02	1.08

4. 小学数学文化学习现状的各个维度之间的相关分析

小学数学文化学习现状 4 个维度之间的相关分析见表 2-6。结果表明，学生对数学文化的兴趣与学生数学文化的素养之间具有显著性的强相关（$R=0.718^{**}$，$p<0.01$），说明对数学文化学习兴趣高的学生同时也有很好的数学文化学习素养。

表 2-6　小学数学文化学习现状的各个维度之间的相关分析

	1	2	3	4
学生对数学文化的兴趣	1			
教师对数学文化的讲授	0.577**	1		
学生数学文化的素养	0.718**	0.508**	1	
教师对数学文化的评价	0.437**	0.567**	0.426**	1

** 在 0.01 的水平下显著相关（双侧检验）

五、调查结论与建议

通过对问卷调查结果统计与分析，对当前学生数学文化的学习现状归纳总结出以下结论与建议：

1. 不同性别是影响学生数学文化素养的重要因素，其中男生相较于女生更加注重数学文化素养的发展。在课外学习中，经常阅读数学类的书籍，男生相较于女生更加喜欢关于数学史料、数学的由来与发展、数学应用等有关数学文化的内容。

2. 学生成绩的不同是影响小学数学文化学习现状的重要因素，其中 90 分以下的学生相较于 90 分及以上学生更加重视数学文化的学习。90 分及以上的学生在基础知识和基本技能方面虽然表现优异，更为注重知识本位的学习，而 90 分以下的学生更为注重知识多元化的学习，在知识的视野拓展方面要优于 90 分及以上学生。

3. 不同年级的学生在小学数学文化学习状况上有所不同，其中四年级和六年级的学生相较于五年级的学生对数学文化有着更好的学习兴趣，在教学过程中体会到了对数学文化的学习，并感受到了教师对数学文化的重视。这与教师对数学文化的讲授重视程度、教师的数学素养等方面息息相关。

4. 对数学文化学习兴趣高的学生同时也具有很好的数学文化学习的素养。对数学文化感兴趣的同学能够自觉汲取课本中相关的数学知识，自觉获取与数学相关的课外知识，以兴趣作为学习数学知识的支点，不断吸收、不断汲取、不断提升数学文化学习的素养。

新课标下做好中小学数学衔接教育的思考

摘　要：中小学数学教学衔接是许多教师感到困惑而又亟须关注解决的问题，九年义务教育分小学和初中两个阶段，在平时教学中，中小学教师之间的联系很少，致使教师教学和学生学习出现了一些脱节现象。本文结合笔者的教学调研经验，着重阐述中小学数学教学脱节断层现象的表现及衔接教育应做到的几点，以提高中小学数学教学效率。

关键词：中小学数学教学；教学衔接；师生和谐；学习方式；学法指导；探究学习

随着九年制义务教育的实施，《数学课程标准》做了适当调整，整个九年制的数学教学分为四大部分：数与代数、空间与图形、统计与概率、实践与综合应用。尽管难度有所降低，但是，经过对学生长期观察与分析，发现许多学生在小学阶段成绩优异，但升入初中后，开始时成绩还不错，过了一段时间后数学成绩却很快落了下来，以前在八年级存在的两极分化现象，现在提前到了七年级。通过实际听课、调查、思考、与其他教师交流探讨，发现目前中小学数学教学，特别是六、七年级衔接教育存在着严重的脱节断层现象，主要表现在以下几点：

一、情感需要的断层

近几年，在小学阶段，女教师几乎占了全校教师三分之二，甚至更多。女教师的特点是细心、周到、有耐心，其教学方式大多数是保姆式教学，一字一句地教，逐题挨个地讲。尤其是对学习有困难的同学，更是无微不至，课下补习辅导，不让一生掉队。但是到了初中，师资力量配置基本平衡，且理科多是男教师，不像女教师那样细心周到，班额大，所教班级多，任务重，使学生感到不像小学那样，随时受到老师的监督与关注。面对这突如其来的变化，学生如刚断奶的孩子，心理、情感需要上产生了断层，不少学生在学习上自我放松，致使成绩下滑。

二、学习方式上的断层

小学数学课，教师讲得细、练得多，再加上课后的反复练习，模仿性强，致使学生对教师的依赖性强。到了初中，相对来说，教师讲得少而精，侧重点强，目标明确，抽象性强。如果学生还是以机械式的学习为主，就很难跟得上学习进程，又因初中课程多、知识内容多、任务重、前后知识联系大，不可能频繁停下来复习等待，若学生的自觉性差，不能利用有限的时间把不会的搞懂，时间长了，问题越积越多，学生就有了力不从心的感觉，产生了学习方式上的断层。

三、学习内容上的断层

仔细分析新课标可以看出，初中课程比小学课程在内容上多了很多，在培养学生能力上提高了许多。尤其是加强了方程、不等式、函数的联系，利用一定的图形性质进行综合性证明，这都是学习的难点。如果在小学中观察、操作、推理、想象等探索过程经历得少，必然产生学习内容上的断层。针对以上现象，笔者认为，衔接教育应做到以下几点：

（一）师生相处的和谐

近几年由于生活条件的改善，致使孩子青春期到来的时间普遍提前，进入初中的学生，大部分同学已经进入了青春期，这时段的孩子，生机勃勃，逆反心理特别强，同时又对事对物一知半解，心智并不成熟，因此依赖心理也特别强，做教师的要充分了解这一阶段孩子的特点，以满腔热情去感化他，以细致入微的关怀去感动他，以朋友的身份去走近他，这样，师生处在一种和谐的气氛中，老师教得带劲，学生学得轻松，使学生自然地度过这一阶段。

（二）教学方式的转变

教师充分研读《九年制数学课程标准》，特别是六、七年级衔接处知识与能力的要求，既要从小学的角度考虑中学的衔接，又要从中学的角度考虑小学的衔接，这就要求小学教师适当地“放一放”，尽量做到少讲、精讲，把时间留给学生，充分信任学生，积极引导学生如何去探究、探索、发现。对于中学教师，应多一分耐心与关怀，多一分宽容与理解，深入全面理解每个学生的特点，在课堂教学中紧紧抓住新旧知识的联系，充分利用类比的方法，进行知识的迁移。例如，在《分式的性质》这一节的教学中，应先复习小学学过的分数的性质：一个分数同乘或除以一个不是零的数，分数的值不变，然后再把同乘或除的不是零的数换成不是零的字母，分式仍成立，这就是分数的性质。用这种方式得到的知识，既容易掌握，又能使学生体会到中小学知识是相互联系，而不是孤立存在的。

（三）善于指导学生的学习方法

中学侧重于培养学生的自主学习能力，注重培养学生的合作交流能力与探究学习的能力，倡导学生在课堂上的主人意识，鼓励学生善于思考、大胆质疑，这就要求小学教师在学习方法上对学生多引导，课堂上多渗透该意识，培养学生的探究学习能力。

1. 会说题

一名优秀的学生不仅能够认真倾听别人的见解，而且能够清楚、条理、明确地表达自己的见解。对问题能够不仅得出答案，而且对于问题得出的理由、依据、方法能够清楚地表述；错了的问题，能够说出错误的地方、错误的原因，并从中汲取经验教训，教师应刻意地培养学生在这方面的能力。

2. 会听课

中学数学课堂知识容量多、节奏快、跨度大，刚上七年级的同学常常吃不消，这要求学生上课要做到注意力集中，遇到疑难问题，理清思路、抓住关键，听不懂的暂时记录下来，先跳过去，继续听讲，课下问老师或同学，做到不影响听课，提高课堂效率。

3. 会预习

根据前面提到的数学课的特点，学生如果会预习，能达到事半功倍的效果。若老师未做过这方面的指导，学生预习时走马观花看一遍，仅是记住了课本上的概念、公式的内容、例题的解法，而对于其得出却不明就里，只知其然，不知其所以然。这就要求承担衔接教育的老师指导好学生的预习，可从一些简单问题出发，例如单纯的概念课、简单的公式等，慢慢学会预习，然后再由浅入深，尝到预习的乐趣，养成预习的习惯。

4. 会复习

艾宾浩斯遗忘曲线告诉人们在学习中的遗忘是有规律的，遗忘的进程不是均衡的，不是固定的一天丢掉几个，转天又丢几个的，而是在记忆的最初阶段遗忘的速度很快，后来就逐渐减慢了，到了相当长的时间后，几乎就不再遗忘了，这就是遗忘的发展规律，即“先快后慢”的原则。观察这条遗忘曲线，你会发现，学得的知识在一天后，如不抓紧复习，就只剩下原来的 25%。随着时间的推移，遗忘的速度减慢，遗忘的数量也就减少。但小学生常常自控能力不强，先做作业，后复习，甚至有时作业多干脆不复习。正确的做法是先复习每天的新知识，再做作业，做到三天一复习，五天一小结。对于老师补充的典型的、技巧性强的题目，应专门整理在一个本子上，隔上几周复习复习，这也是一笔不小的财富。

总之，承担衔接教育的教师如果充分了解这一阶段学生的特点，能够因势利导做好学生的指导工作，尽快让学生适应中学的学习，摆脱依赖性，增强自觉性，那么学生一定会顺利地度过这一特殊阶段，为学生 7 ～ 9 年级数学的学习奠定坚实的基础，为明天的成功顺利起航。

关注体验过程，在追问中逼近数学本质

张丹教授指出：“概率是研究随机现象的科学，生活中大量存在着随机现象，并且这些现象表面看无规律可循，在相同的条件下出现哪一个结果事先无法预料，但当我们大量重复试验时，试验的每一个结果都会呈现出其频率的稳定性。”那么如何在实际教学中具体落实呢？下面我结合人教版五年级上册“可能性”来谈一谈自己的教学体会。

追问一：创设情境，初步体验随机事件的可能性

师：同学们喜欢看足球比赛吗？（课件出示：足球比赛开始视频）通过观看，你发现裁判员在干什么？

生：抛硬币决定由谁开球。

师：你认为抛硬币决定由谁开球公平吗？为什么？

生：公平，因为抛硬币时可能出现正面，也可能出现反面。

师：我们看到裁判员抛硬币时只可能出现两种情况，要么是正面，要么是反面，也就是说，出现正面和反面的可能性会怎么样？你能用一个数来表示吗？

生：50%　0.5　$\frac{1}{2}$

师：同学们说得都非常准确，这节课我们主要学习用分数来表示不确定事件发生的可能性的大小。如何用分数表示出现正面的可能性是多少？出现反面的可能性是多少呢？

生：出现正面和反面的可能性都是$\frac{1}{2}$。

课标在第二学段中指出："在具体情境中，通过实例感受简单的随机现象，能列出简单的随机现象中所有可能发生的结果。"在第一次追问中，通过创设学生比较熟悉的足球比赛决定由谁开球的视频，由一句"你认为抛硬币决定由谁开球公平吗？"引出教学内容。设计的目的是使学生理解随机抛掷一枚硬币时"出现正面和出现反面的可能性是相同的"，从而说明在比赛前用抛硬币的方法来决定由谁开球对比赛双方都是公平的，初步让学生感知游戏规则公平性的含义，体验随机事件发生的可能性的大小。

追问二：引发矛盾冲突，在试验中体会随机事件发生的可能性

师：刚才我们通过抛一次硬币认为出现正面和反面的可能性都是$\frac{1}{2}$，下面猜测一下，如果抛两次硬币，出现正面和反面的可能性分别是多少呢？如果 10 次呢？ 100 次呢？ 1000 次呢？下面我们就以小组为单位做一个抛硬币的实验，按照下面的要求进行实验。

出示实验要求：

（1）每人抛 2 次，把实验结果填写在记录单上。每组实验记录单见表 2-7。

（2）实验后思考，出现正面和反面的可能性是否都是$\frac{1}{2}$，为什么？

表 2-7　第（ ）组实验记录单

总次数	正面的次数	反面的次数

师：（展示统计结果）仔细观察每个组的记录情况，对于实验的结果你们有什么发现？每组抛硬币实验结果统计图如图 2-1 所示。

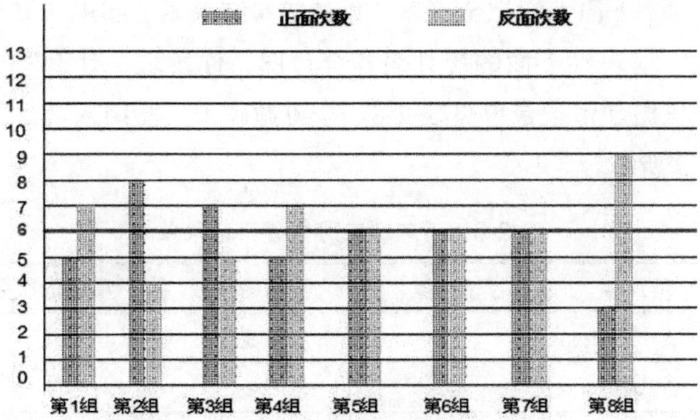

图 2-1　每组抛硬币实验结果统计图

生 1：第 5、6、7 组的实验结果正好是 $\frac{1}{2}$。

生 2：第 2、8 组的实验结果与 $\frac{1}{2}$ 相差较大。

生 3：第 1、3、4 组的实验结果接近 $\frac{1}{2}$。

师：到底是什么原因导致出现三种不同的结果呢？

生：有可能抛硬币的次数太少。

有可能抛硬币时用力不均匀。

有可能是硬币正反面的质量不同。

有可能抛硬币的手感不同。……

课标指出："通过试验、游戏等活动，感受随机现象结果发生的可能性是有大小的，能对一些简单的随机现象发生的可能性大小做出定性描述。"在第二次追问中，通过每组每人抛两次硬币的试验，出现了三种意想不到的结果，引发矛盾冲突，使学生开始追根溯源，到底是什么原因导致出现不同的结果呢？对问题开始进行理性地思考。

追问三：深化体验，感受随机事件发生的可能性

师：下面咱们把全班抛硬币的实验结果累加起来，又会怎样呢？请观察下面的统计表和统计图，你发现了什么？五年级二班抛硬币记录单见表 2-8。全班抛硬币实验结果统计图如图 2-2 所示。

表 2-8　五年级二班抛硬币记录单

组别	总次数	正面的次数	反面的次数
第一组	12	5	7
第二组	12	8	4
第三组	12	7	5
第四组	12	5	7
第五组	12	6	6
第六组	12	6	6
第七组	12	6	6
第八组	12	3	9
合计	96	46	50

师：观察这个统计表，你发现了什么？

生：出现正面和反面的可能性接近了 $\frac{1}{2}$。

生：出现正面和反面的可能性接近了 $\frac{1}{2}$。

师：观察统计图，说一说你的发现？

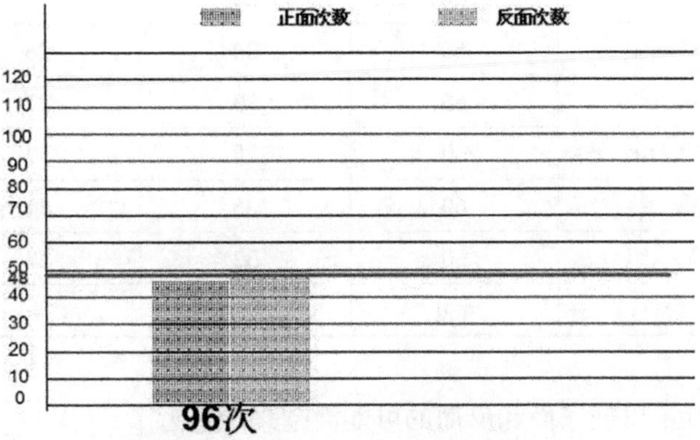

图 2-2　全班抛硬币实验结果统计图

生：出现正面和出现反面的可能性接近了 $\frac{1}{2}$。

在第三次追问中，通过数据的累加，使学生由原来的出现正面和出现反面的试验结果与 $\frac{1}{2}$ 相差较大，逐渐开始认同出现正面和出现反面的可能性接近了 $\frac{1}{2}$ 这一试验结果，学生开始由“半信半疑”转为“逐渐接受”。

追问四：在体验中追寻数学本质

师：在课前老师让同学们在家每人抛硬币 10 次，下面请观察统计的数据和统计图，你发现了什么？五年级二班抛硬币记录单见表 2-9。

表 2-9　五年级二班抛硬币记录单

组别	总次数	正面的次数	反面的次数
第一组	60	32	28
第二组	60	26	34
第三组	60	23	37
第四组	60	34	26
第五组	60	33	27
第六组	60	28	32
第七组	60	26	34
第八组	60	32	28
合计	480	234	246

生：出现正面和反面的可能性越来越接近了 $\frac{1}{2}$。

师：其实历史上有许多数学家也做过同样的实验，请看下面的统计图，你发现了什么？历史上数学家抛硬币数据统计如图 2-3 所示。

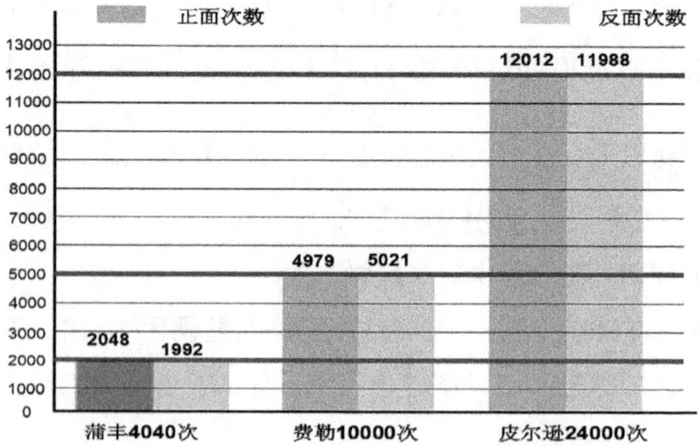

图 2-3　历史上数学家抛硬币数据统计

生：实验结果越来越接近 $\frac{1}{2}$。

在追问四中，学生再一次经历了数据的累加，以及历史上著名的试验，已经由“出现正面和出现反面的可能性接近了 $\frac{1}{2}$”转化为“出现正面和反面的可能性越来越接近了 $\frac{1}{2}$”，这一变化不是教师生拉硬拽，强行让学生认同所要的结果，而是在一次次的追问中，一次次的数据累加中，积累学生对随机事件发生的可能性的认同。

追问五：渗透极限思想，深刻体验随机事件发生的可能性

师：科学家的实验数据毕竟是有限的，但随着科技手段的不断发展，如果随着实验次数的进一步增多，设想一下，出现正面和出现反面的可能性最终会怎样？

生：出现正面和反面的可能性会相等。

师：现在你认为在进行一些比赛时，采取抛硬币的方法决定谁先开球公平吗？

生：公平。

在追问五中，通过学生的比较和想象，使学生进一步体验到在数据的不断变化中，学生真正明白“相等，原来就存在于不断逼近一半的过程之中”，实现了由上万次的“试验频率”向“一次”试验概率的回归，同时也渗透了极限的数学思想。

这节课通过五个层次的追问，使学生真正理解在比赛前用抛硬币的方法来决定由谁开球对比赛双方都是公平的，让学生深入感知游戏规则公平性的含义，体验随机事件发生的可能性的大小。正如陈希儒先生所说：“概率就是当实验次数无限增大时频率的极限。”

例谈小学数学教学情境的创设

一、案例背景

随着新课程改革的进一步深入，“让学生在生动具体的情境中学习”的理念已成为广大教师的共识，特别是在一些评优课、观摩课、示范课上更是多见，教学情境的创设已成为当前课堂教学设计不可或缺的一道亮丽的风景线。但是，笔者在听课中发现，多数教师在教学中过于注重教学的情境化，不管是什么类型的课，都千方百计地去创设一个情境，好像脱离了情境就不是新课程的课堂，就无法突出新课程的“新”，于是逢课都要从情境引入，不考虑创设情境是否符合学生的实际需要，是否有利于学生课堂上的学习，而是演变成了“灵丹妙药”，成了“课改标签”，呈现出课堂情境创设泛滥，表面上“热闹非凡”，吸引学生的目光，却忘记了数学本该有的面目，忘记了数学最本质的东西——“数学味”。下面结合教学“找规律”片段谈一谈自己的做法。

二、案例描述

案例一：

“找规律”是人教版小学数学二年级下册的内容，教材是以小东家厨房装修图案的情境引入，以此激发学生探究的兴趣。然后，单独出示墙面、地面的图案，引导学生找规律。这一教学内容与一年级下册找规律相比，就是图形和数列的排列规律稍复杂一些，如图形的排列呈现形状和颜色的循环变化，一个数列每相邻两项的差组成新的数列是等差数列。在研读教材内容时，我发现一年级的找规律与本节课内容联系不紧密，无论教师如何联系旧知创设情境，但是在新知的教学中，这个规律教学始终在教师不断地启发引导下才“千呼万唤始出来”，感觉就似挤牙膏一样，如获重释，终于发现了规律。因此针对这一现象，我就想该如何联系学生已有知识经验进行教学设计，通过思考教学情境创设如下。

（1）在教学开始前，我在课前播放了一年四季不断循环变化的图片，让学生在欣赏之余感受春夏秋冬季节变化的规律。

（2）情境导入：课件出示小动物排队参加运动会场面。

师：今天动物王国要开运动会，你们瞧！参加比赛的小动物都有谁？

生：大公鸡、小鸭子、小狗、小猫。

师：看！走在最前面的大公鸡多神气，雄赳赳、气昂昂的，你们知道这是为什么吗？请你猜一猜？

生：因为当排头高兴。

师：恭喜你猜中了。如果小动物们去参加下一场比赛，你认为该让谁当排头最合适呢？

生：小鸭子。

师：为什么？

生：因为大公鸡已当了一次排头，该轮到小鸭子了。

师：这样排法你们认为怎么样？

生：很公平。

师：好，那大公鸡我们该让它排在什么位置上呢？

生：最后。

师：有不同意见吗？如果继续往下排，该怎么排呢？

生：轮到小狗当排头，依次是小猫、大公鸡、小鸭子。

师：再继续呢？

生：小猫、大公鸡、小鸭子、小狗。

师：刚才同学们轮流让每个小动物当排头，不断改变位置，像这样有规律地排列就是我们今天学习的新知识——找规律。

在这样的情境创设中，进行新知的教学，学生就很容易发现其中的规律，不再给人“雾里看花”的感觉。

案例二：

“选配规律”是苏教版小学数学四年级下册的内容。教材通过给两个木偶娃娃配上三顶不同的帽子，从而得出不同的选配方法。本节课是我参加全国第二届两岸三地同课异构教学研讨会上执教的一节研讨课。教学情境创设如下。

1. 情境引入。

师：同学们喜欢玩游戏吗？下面咱们就一起来玩一个“剪刀、包袱、锤”的游戏。我喊一二开始咱们就一起出，准备好，一二开始。（教师出剪刀）谁赢了？谁平了？谁输了？

生：略。

师：想一想，你们有几种应对我的不同玩法？

生：3 种。

师：还想玩吗？（教师出锤）

生：略。

师：好玩吗？最后一次，珍惜机会。（教师出包袱）

生：略。

师：如果我们像这样继续玩下去，你和老师之间会有多少种不同的玩法，这其中又存在什么规律呢？这节课我们就继续学习有关找规律的知识。

2. 运用规律，解决问题。

师：请你从选配的角度想一想，你和老师之间会有多少种不同的玩法呢？

生：9 种。

师：为什么？

生：因为老师有 3 种不同的玩法，我们也有 3 种不同的玩法，所以 3×3=9 种。

古语云："学需有疑，小疑则小进，大疑则大进。"学生经历了悬疑——探究——惑疑知识的过程，这样创设情境趣味性强，首尾呼应，结构紧凑。

三、反思与分析

有的老师常说："学生不会思考"，其实这在很大程度上是教师没有为学生提供必要的"脚手架"，没有了解学生的现实起点，导致学生"一头雾水"，不利于新知的学习。下面就如何创设有效的教学情境谈一谈自己的几点想法。

1. 情境创设要有现实性，忌“生编硬造，不切实际”

创设教学情境应符合学生年龄特点和知识本身的规律，从学生的生活经验和已有知识出发，分析学生学情，了解学生已掌握了哪些知识，掌握的知识程度如何，在怎样的环境中生活，生活经历有哪些等等。因此，切忌脱离生活实际，制造华而不实的假情境、高大上的假数据、眼花缭乱的假信息。

2. 情境创设要有目的性，忌“离题万里，浅尝辄止”

创设教学情境要紧扣教学目标，要考虑学科因素，不能离题万里，要紧密围绕三维教学目标，不能为了情境而创设情境。如果不能更好地服务于课堂教学，情境的创设等于是画蛇添足，是没有任何意义的。因此，切忌在情境中浮想联翩，随意捏造，把情境的创设作为课堂教学的“招牌”。

3. 情境创设要有趣味性、思考性，忌“食之乏味，弃之可惜”

爱因斯坦说：“兴趣是最好的老师。”创设良好的教学情境，对于激发学生学习的积极性、主动性起着决定性的作用，可以使学生的认知活动与情感活动有机地结合起来，使学生能很快地进入到建构性的学习活动中来。因此，切忌情境创设平平淡淡，索然无味。

第3章　教学实践——课例教学设计

《数学广角——抽屉问题》教学设计

教学内容：人教版六年级下册 68 ～ 69 页例 1 和例 2，做一做及练习十三习题。

教材分析：本节课内容通过几个直观的例子，借助实际操作，向学生介绍“抽屉原理”。使学生在理解“抽屉原理”这一数学方法的基础上，对一些简单的实际问题加以“模型化”，会用“抽屉原理”加以解决。在数学问题中有一类与“存在性”有关的问题，“抽屉原理”的理论本身并不复杂，甚至可以说是显而易见的。但“抽屉原理”的应用却是千变万化的，它可以解决许多有趣的问题，并常常得到一些令人惊异的结果。这节课利用直观的方法，介绍了“抽屉原理”的两种形式，并安排了很多具体问题和变式，帮助学生加深理解，学会利用“抽屉原理”解决简单的实际问题。在此过程中，让学生初步经历“数学证明”的过程，为以后学习较严密的数学证明做准备。

教学目标如下。

［知识与技能目标］

初步了解“抽屉原理”，引导学生用操作枚举或假设的方法探究“抽屉原理”的一般规律，会用“抽屉原理”解决简单的实际问题。

［过程与方法目标］

通过操作、说理等活动经历从具体到抽象的探究过程，发展学生的类推能力和概括能力，提高学生有根据、有条理地进行思考和推理的能力，形成比较抽象的数学思维。

［情感态度与价值观目标］

通过介绍德国数学家狄利克雷及对“抽屉原理”的实际应用，感受数学的魅力，体会数学知识在日常生活中的广泛应用，培养学生的探究意识和能力。

教学重点：经历“抽屉原理”的探究过程，并对简单的问题加以“模型化”。

教学难点：理解“抽屉原理”，并对一些简单实际问题加以“模型化”。

教具准备：课件、小球、盒子。

教学过程如下。

一、创设情境

1. 猜球游戏：理解“至少”的含义

师：喜欢玩游戏吗？下面我们就来玩一个猜球的游戏，怎么样？

请看大屏幕，我把一些球放进一个盒子里，猜一猜在这个盒子里可能有多少个球呢？

生：2 个、3 个……

师：1 个能不能说是一些呢？（不能）那么这个盒子里到底有多少个球呢？你能不能用一句话表述出所有的可能情况呢？

生：除 1 以外所有的数。

师：还有不同的表述吗？

生：不少于2个。

师：表述得越来越清晰了。在数学上，我们就把不少于2个（把2个或2个以上）称为至少2个。（板书：至少）也就是说，这个盒子里至少有2个球，是这样吗？

设计意图：学生对"物体数至少是多少"这样的表述不易理解，也很难用"至少"这样的语言来陈述。因此在新课教学之前进行适当的铺垫，让学生理解至少数的含义。

2. 引入新课

师：这些球到底有多少个呢？现在，老师把这94个球放进3个盒子里，想一想至少有几个球放进同一个盒子里？

生：至少2个；至少3个；……

师：好像无法确定，这个问题确实有点难。我国已故著名数学家华罗庚曾说过这样一句话：当我们遇到复杂的问题要善于"退"，足够的"退"，退到最原始而不失去重要性的地方，是学好数学的一个诀窍。要退咱们就大步地退，你们认为我们应该从多少个球开始研究好呢？

生：2个、3个……

师：说得非常好，对于这样复杂的问题我们不妨把球的数量变少一些，咱们就从4个球开始研究好吗？

设计意图：学生学习数学不仅要教给学生知识，更重要的是教给学生解决问题的思想方法，从复杂到简单是解决问题非常好的数学学习方法。

二、自主探索，学习新知

1. 教学例 1

（1）独立思考。

师：如果把 4 个球放进 3 个盒子里（板书：4　3），想一想至少有几个球放进同一个盒子里？

（2）小组交流。

师：下面咱们就以小组为单位来研究，好吗？先仔细听要求。第一个要求是用你自己喜欢的方式，可以用手中的学具摆一摆，在本子上画一画图，水平高的同学不动手也可以用脑子想一想，看看有几种不同的放法？第二个要求是根据不同的放法想一想至少有几个球放进同一个盒子里？

出示课件：

①摆一摆、画一画、想一想，有几种不同的放法？

②至少有几个球放进同一个盒子里？

设计意图：《课程标准》指出：独立思考、小组交流是学生学习数学的重要方式。因此在新知的学习过程中以独立思考为前提，以小组交流为探究学习的主要活动方式，初步探索“抽屉原理”的一般化形式。

（3）汇报。

师：哪个组来说一说，有几种不同的放法？

生 1：有 4 种。

师：哪 4 种呢？

生 1：在第 1 个盒里放 4 个球，其余都空着。

师：（板书：4——4　0　0），这 4 个一定要放在第 1 个盒子里吗？

生：不一定，也可以放在第2个、第3个、第4个盒子里。

师：也就是说，不管怎么放，总有1个盒子里放进4个球，是这样吗？这是一种放法，还有不同的放法吗？咱们把机会让给其他组好吗？

生2：第1个盒子里放3个球，第2个盒子里放1个，第3个盒子空着。

师：（板书：4——3　1　0）

师：这3个球一定要放在第1个盒子里吗？

生：不一定，也可以放在第2个、第3个盒子里。

师：也就是说，不管怎么放，总有1个盒子里放进2个球。

师：还有其他的放法吗？

生：第1个盒子里放2个球，第2个盒子里放2个，第3个盒子空着。

师：（板书：4——2　2　0）这2个球一定要放在第1个盒子里吗？

生：不一定，也可以放在第3个盒子里。

师：也就是说，不管怎么放，总有1个盒子里放进2个球。

师：还有其他的放法吗？

生：第1个盒子里放2个球，第2个盒子里放1个，第3个盒子放1个。

师：（板书：4——2　1　1）这2个球一定要放在第1个盒子里吗？

生：不一定，也可以放在第2个、第3个盒子里。

师：也就是说，不管怎么放，总有1个盒子里放进2个球。

师：还有其他的放法吗？

（4）小结。

师：在这 4 种不同的放法中，我们看装得最多的那个盒子里要么装有 4 个球，要么装有 3 个球，要么装有 2 个球，还有装得更少的情况吗？

生：没有。

师：那你认为把 4 个球放进 3 个盒子里，不管怎么放，总有 1 个盒子里至少放进几个球？

生：不管怎么放，总有 1 个盒子里至少放进 2 个球。

师：（出示课件：把 4 个球放进 3 个盒子里，不管怎么放，总有 1 个盒子里至少放进 2 个球。）当然这句话也可以说成至少有 2 个球放进同一个盒子里。

（5）假设法——平均放。

师：刚才我们研究了这 4 种放法的问题，你认为哪一种放法可以使 1 个盒子里放得最多的球里尽可能地少放球呢？咱们可以怎么放呢？

生 3：先把盒子平均着放，然后剩下的再放进其中 1 个盒子里。

师："平均放"是什么意思？

生 3：先在每个盒里放 1 个球，（师演示）还剩 1 个球，再随便放进 1 个盒里。

师：说得非常好，这样先假设在每个盒中放 1 个，余下 1 个，不管怎么放，一定会出现总有一个盒里至少有几个球放进同一个盒子里？

生：2 个球。

师：其实这种思考方法是从最不利的情况来考虑，先平均分，每个盒子里都放 1 个，就可以使放得较多的这个盒里的球怎么样？

生：尽可能少。

师：从这种放法中，咱们能不能一眼看出至少有几个球放进同一个盒子里。你能用算式把这种想法表示出来吗？

生：（4 ÷ 3=1 …… 1　1+1=2）

设计意图："抽屉原理"研究的是物体数最多的一个抽屉里最少会有几个物体，只研究它存在这样一个现象，通过平均放，使学生明确物体数最多的一个抽屉里最少会有几个物体这样一个存在性的问题。

（6）类比推移，发现规律。

师：现在如果把 5 个球放进 4 个盒子里呢？（板书：5　4）想一想至少有几个球放进同一个盒子里？可以怎么放呢？

生 1：略。

师：剩下的 1 个球怎么办呢？

生：随便放在其中的 1 个盒子里。

师：你发现把 5 个球放在 4 个盒子里，不管怎么放，至少有 2 个球放进同一个盒子里。怎么用算式表示呢？（板书：5 ÷ 4=1 …… 1　1+1=2）

师：那如果把 6 个球放进 5 个盒子里呢？

生：6 个球放在 5 个盒子里，不管怎么放（板书：6　5），至少有 2 个球放进同一个盒子里。（板书：6 ÷ 5=1 …… 1　1+1=2）

师：那你还能继续往下说吗？

生：把 7 个球放进 6 个盒子里呢？（板书：7 ÷ 6=1 …… 1　1+1=2）

把 10 个球放进 9 个盒子里呢？

师：那把 100 个球放进 99 个盒子里呢？还能继续吗？

仔细观察这些算式，你发现了什么？

生：我发现只要球的数量比盒子数多 1，不管怎么放，至少有 2 个球放进同一个盒子里。

师：你们也发现了吗？（出示课件：球的数量比盒子数多 1，不管怎么放，至少有 2 个球放进同一个盒子里。）也可以说成总有一个盒子里至少放进 2 个球。

生：一样。

设计意图：通过类比推移，让学生发现"抽屉原理"的一种简单形式，即物体的数量比抽屉数量多 1 时，至少数是 2 的规律。

2. 教学例 2

师：那如果球的数量比盒子数多 2 个、3 个、5 个、6 个，甚至更多呢？至少数又会发生什么变化呢？我们先看把 5 个球放进 2 个盒子里（板书：5　2），可以怎么放呢？

生：这样每个盒子里就分 2 个，还剩 1 个，剩下的一个就放在其中的一个盒子里。

师：算式怎么表示呢？（板书：5 ÷ 2=2 …… 1　2+1=3）那么至少有几个球放进同一个盒子里呢？

生：3 个。

师：如果球的数量比盒子数多 10 个呢，至少数又会发生什么变化呢？如果把 14 个球放进 4 个盒子（板书：14　4），怎么放呢？

生：这样每个盒子里分 3 个，还剩 2 个，剩下的 2 个分别放在其中的 2 个盒子。

师：那你能发现至少数是几呢？能用算式表示吗？（板书：14 ÷ 4=3 …… 2　3+1=4）如果球的数量比盒子数多更多呢？

（板书：23　4）

生：这样每个盒子里分 5 个，还剩 3 个，剩下的 3 个分别放在其中的 3 个盒子里。

师：那你能发现至少数是几呢？怎么用算式表示？（板书：23 ÷ 4=5……3　5+1=6）

3. 发现规律

师：请观察这些算式，你发现当球的数量比盒子数多 3 个、10 个、19 个，甚至更多，至少数还是 2 吗？它有什么规律呢？

生：至少数都是用每个盒子里分的个数加 1。

师：每个盒子里分的个数在除法算式中叫作什么？

生：商。

师：（板书：商）那么至少数就等于什么？

生：至少数就等于商加 1。

师：（板书：至少数 = 商 +1）

4. 板书课题，总结规律

师：你们知道吗？大家的这一发现，在数学上被称为“抽屉原理”。（板书课题：抽屉原题），就是说我们把这些球都可以看作是待分的物体（板书：物体数量），盒子的数量就看作一个个的抽屉，也就是抽屉数量（板书：抽屉数量），商就表示每个抽屉的数量，这些都叫余数，你能表示出抽屉原理的关系式吗？

生：物体数量 ÷ 抽屉数量 = 商……余数　至少数 = 商 +1

师：（板书：物体数量 ÷ 抽屉数量 = 商……余数　至少数 = 商 +1）我们看当物体数量比抽屉数量多 1 时，至少数是否也符合这样的规律？

生：符合。

设计意图：通过举例，让学生加深对“抽屉原理”的规律发现，从而得出“抽屉原理”的“模型”。

5. 介绍“抽屉原理”

师：像这种情况可以看作是“抽屉原理”的一种特殊情况。对于“抽屉原理”，在我们古代就有应用“抽屉原理”解决问题的情况，请看大屏幕。

出示课件：《二桃杀三士》的故事。

师：晏婴采用借“桃”杀人的办法，实际上就包含了一个重要的数学原理——“抽屉原理”。晏婴把谁看作抽屉？把谁看作待分的物体？把三个勇士放进两个抽屉，就可以得出什么结论？也就是至少有两名勇士必须合吃一个桃子。可是他们宁死也不肯同吃一个桃子，那么悲剧也就不可避免了。其实在我国古代文献中，有不少成功地运用“抽屉原理”来分析问题的例子，然而令人遗憾的是，并未发现关于“抽屉原理”的概括性文字，没有人将它抽象为一条普遍的原理，最后还不得不将这一原理冠以德国数学家狄里克雷的名字。（出示课件：“抽屉原理”是 19 世纪的德国数学家狄里克雷最早提出来的，后来人们为了纪念他从这么平凡的事情中发现的规律，就把这个规律用他的名字命名，叫“狄里克雷原理”，也称为“鸽巢原理”）这一原理在解决实际问题中有着广泛的应用。“抽屉原理”的应用是千变万化的，用它可以解决许多有趣的问题。这就是我们今天所学的新知识。

设计意图：通过介绍古代故事及对“抽屉原理”数学史料的介绍，使学生感受到不仅可以应用“抽屉原理”解决问题，还能知道“抽屉原理”的来龙去脉，从而感受到数学所具有的其他学科无法比拟的魅力。

三、应用原理

师：下面我们就应用今天所学的知识来解决我们生活中的问题。

1. 填空

（1）7 只鸽子飞回 5 个鸽舍，至少有（ ）只鸽子要飞进同一个鸽舍里。

（2）把 4 支铅笔放进 3 个文具盒中，至少有（ ）支铅笔放进同一个文具盒里。

（3）把 5 本书放进 2 个抽屉中，至少有（ ）本书放进同一个抽屉里。

（4）8 只鸽子飞回 3 个鸽舍，至少有（ ）只鸽子要飞进同一个鸽舍里。

（5）把 125 本书放进 124 个抽屉中，至少有（ ）本书放进同一个抽屉中。

2. 游戏

师：下面咱们来做一个猜牌的游戏好吗？我从一副扑克牌中先取出了 2 张王牌，还剩多少张呢？在剩下的 52 张牌中，我请一位同学到前面来，任意抽出 5 张牌，请你们猜一猜至少有几张是同一种花色？

生：至少有 2 张是同一种花色。

师：你能说一说为什么吗？

生：把 4 种花色看作 4 个抽屉，把 5 张牌放进 4 个抽屉里，至少有 2 张牌是同一种花色。

3. 应用

师：今天我们在研究“抽屉原理”之前是把94个球放进3个盒子里，现在你能知道至少有几个球放进同一个盒子里吗？

生：至少有32个球放进同一个盒子里。

师：还记得咱们是怎么开始研究的吗？咱们先从几个球开始入手的，从94个球退到4个球，你们看，退并不是懦弱的表现，退是为了更好地前进，现在你们就能轻而易举地算出来。当你们遇到复杂的问题时，就可以采取先退再进的方法。确实如华罗庚所说，这是学好数学的一个诀窍。

4. 动脑筋

师：给一个正方体木块的6个面分别涂上蓝、黄两种颜色。不论怎么涂至少有3个面涂的颜色相同。为什么？

生：因为把蓝、黄两种颜色看作2个抽屉，把正方体6个面当作物体，要把6个面分配给两个抽屉，6÷2=3，至少有3个面要涂上相同的颜色。

师：老师想问问你“抽屉原理”在计算至少数时是商加1，你怎么没加1呢？

生：因为没有剩余。

师：那你们发现当商没有余数时，至少数就怎么样？

生：至少数就等于商。

师：说得太好了，总结很到位。（板书：至少数＝商）

设计意图：练习的设计遵循基本题、应用题、探索题，由浅入深，层层递进，不仅能应用“抽屉原理”解决实际问题，还能上下衔接，首尾呼应，让学生体验到了获得成功的喜悦。

四、全课总结

这节课我们学习了什么知识？你有哪些收获呢？

生：我知道了“抽屉原理”的计算公式是物体数量 ÷ 抽屉数量 = 商……余数　至少数 = 商 +1

生：我知道了当商没有余数时，至少数就等于商。

师：同学们的收获可真不少，回顾我们整个的学习过程，首先是通过把复杂的问题转化成简单的问题来探究，然后在小组合作交流的基础上发现规律，进而总结概括出“抽屉原理”的模型，最后应用这一模型来解决生活中的实际问题。在发现规律的过程中，我们还使用了两种不同的解决问题的方法，一种是枚举法，另一种是假设法，你们认为哪种方法在解决问题的过程中更加简便呢？

生：假设法。

师：在以后的学习过程中，我们要善于使用各种方法灵活地解决问题。

设计意图：对全课的知识进行系统总结，利于学生形成完整的知识网络，并通过回顾反思学习过程，总结学习解决问题的方法，真正做到了“授之以渔”。

板书设计

抽屉原理

物体数量	÷	抽屉数量	= 商……余数	至少数 = 商 +1	至少数 = 商
4	÷	3	= 1 …… 1	1+1=2	4
5	÷	4	= 1 …… 1	1+1=2	/ | \
6	÷	5	= 1 …… 1	1+1=2	4 0 0
			:		3 1 0
			:		2 2 0
5	÷	2	= 2 …… 1	2+1=3	2 1 1
14	÷	4	= 3 …… 2	3+1=4	假设法
23	÷	4	= 5 …… 3	5+1=6	枚举法

（此教学设计是在家长开放日活动中的一节家常课）

《百分数的认识》教学设计

教学内容：人教版六年级上册 82 ～ 83 页的内容，做一做及练习十八 1 ～ 4 题。

教学目标如下。

［知识与技能］

理解百分数的意义；学会正确地读写百分数，会运用百分数表述生活中的一些数学现象。

［过程与方法］

经历百分数产生的过程，感受百分数的价值，理解百分数与分数、比之间的联系与区别。

［情感态度与价值观］

在解决实际问题过程中，体验百分数与生活的密切联系，增强数学意识，培养良好的数感。

教学重点：理解百分数的意义。

教学难点：理解百分数、分数和比之间的联系与区别。

教学准备：多媒体课件，学生搜集有关百分数的资料。

教学过程如下。

一、复旧引新

1. 复习分数的意义

师：(出示：$\frac{9}{20}$) 瞧！这个分数怎么读?

生：二十分之九

师：它表示什么意义呢?

生：表示 9 是 20 的几分之几。

师：(出示：9 是 20 的几分之几。) 那 $\frac{14}{100}$ 呢？（出示：14/100）

生：14 是 100 的几分之几。

师：(出示：14 是 100 的几分之几。)

师：说得非常好，这两个分数都表示什么意义呢?

生：一个数是另一个数的几分之几。

师：(板书：分数表示一个数是另一个数的几分之几。)

2. 复习分数的特征

师：我们看分数的这两个数之间有什么关系呢?

生：两个数相除的关系。

生：两个数的倍数关系。

生：两个数相比的关系。

师：非常好！我们知道当分数 (板书：分数) 表示两个数的倍数关系时表示的是什么?

生：分率

师：(板书：分率) 分数除了可以表示分率之外，还表示什么？

生：具体数量。

师：（板书：具体数量）分率和具体数量的区别是什么呢？

生：表示分率后面不带单位名称，而表示具体数量后面带单位名称（板书：单位名称）。

3. 小结，板书课题

师：这是我们前面学过的旧知识。（板书：旧知识）这节课我们就是要在旧知识的基础上学习新知识。（板书：新知识）你们知道吗？像这样分母是100的分数（指着屏幕：$\frac{14}{100}$）还可以用一个新的数来表示？知道是什么数吗？

生：百分数

师：这就是咱们今天所要学习的新知识——百分数。（板书课题：百分数）

二、探究新知

1. 教学百分数的写法

师：谁会写呢？到前面来写一下。

生：14%。

师：（指着屏幕14%）我们在写百分数时，通常不写成像这样分母是100的分数形式，而是在原来的分子后面加上百分号来表示，（板书：14）就像刚才这位同学写的这样。但是在写%时我们要注意这两个0都要写得小一些，如果写得大就会和数字0混淆，另外两个0之间还要用一根短斜线隔开。（板书：%）

2. 教学百分数的读法

师：会写百分数了，那怎么读呢？

生：百分之十四。（板书：读作：百分之十四），这与 $\frac{14}{100}$ 的读法相同吗？哪里不同呢？

生：14% 读作百分之十四，$\frac{14}{100}$ 读作一百分之十四，这是与分数读法不同的地方。

3. 练习（83 页做一做第 1、2 题）

第 1 题：现在老师来检验一下你是否真的会写、会读百分数呢？请打开数学课本 83 页，把第 1 题写在书上。我找 3 个同学到前面来写一写。

第 2 题：读一读下面的百分数，谁来读呢？

师：下面请同学们仔细观察这些百分数，你有什么新发现吗？

生：% 前面有的是整数，有的是小数。

师：100% 是几呢？你发现了什么？

生：有的百分数小于 1，有的百分数大于 1，还有的百分数等于 1。

师：非常有价值的发现。

4. 教学百分数的意义

（1）猜想意义。

师：前面我们知道分数表示的意义，联系旧知识猜想一下百分数表示什么意义呢？

生：一个数是另一个数的几分之几。

生：一个数是另一个数的百分之几。

（2）验证猜想。

师：到底表示什么意义呢？我们来看一看生活中的百分数表示什么意义好吗？（出示果汁图：橙汁 60%，樱桃汁 30%）这个百分数又表示什么意义呢？

生：表示橙汁的含量是饮料总量的 60%；樱桃汁的含量是饮料总量的 30%。

师：这瓶果汁还含有其他成分吗？你是怎么知道的？

生：1−60%−30%=10%

师：非常棒！同学们思考问题越来越深入了。那么其他成分的含量是 10% 又表示什么意义呢？

生：其他成分的含量是饮料总量的 10%。

（3）小结百分数的意义。

现在请同学们观察这 3 个百分数表示的意义，你能用自己的话来说一说百分数表示的意义吗？

生：百分数表示一个数是另一个数的百分之几。

师：概括得非常准确。这些百分数都表示一个数是另一个数的百分之几。

（板书：表示一个数是另一个数的百分之几）

师：仔细观察百分数的意义，你发现表示的这两个数之间有什么关系呢？

生：两个数的相除关系；两个数的倍数关系；两个数相比的关系。

师：当表示两个数的倍数关系时，百分数又叫作百分率。（板书：百分率）当表示相比的关系时，百分数也叫作百分比。（板书：百分比）

（4）举例说明。

师：知道了百分数的意义，那你能说一说 14% 表示什么意义吗？

生：一个数是另一个数的 14%。

师：那 50% 呢？ 27% 呢？

生：一个数是另一个数的 50%；一个数是另一个数的 27%。

（5）百分数的好处。

师：课前，老师让同学们搜集一些生活中有关百分数的资料，你觉得百分数好找吗？都是从哪里找到的？

生：略

师：既然生活中的百分数这么好找，说明百分数怎么样？

生：生活中很常见，应用很广泛。

师：那你们想过百分数为什么会在日常生活中的应用这么广泛呢？

生：便于比较。

师：为什么好比较呢？

生：因为百分数都可以看成分母是 100 的分数。

师：刚才我们在观察饮料含量的时候，你能一眼看出什么？

生：橙汁的含量高，其他成分的含量最低，橙汁的含量比樱桃汁的含量高 30%。

师：正因为百分数便于比较，所以在生活中百分数应用得非常广泛。下面同位两人互相交流一下，你找到的百分数所表示的意义。

5. 百分数的产生

师：同学们，你们知道吗？大约在 200 多年前，瑞士数学家欧拉，在《通用算术》一书中说，要想把 7 米长的一根绳子平均分成三等份是不可能的，因为找不到一个合适的数来表示它。如果我们把它分成三等份，每份是 7/3 米，就是一种新的数，我们把它叫作分数。后来，人们在分数的基础上又以 100 做基数，发明了百分数。

师：从这段文字资料中我们知道了什么？你有什么想说的吗？

生：百分数起源于分数。

生：百分数是在分数的基础上以 100 做基数发明的。

师：从这个资料中我们也可以看到分数与百分数之间有着密切的联系。

6. 教学百分数与分数之间的联系和区别

（1）独立思考。

师：到底百分数和分数之间有着怎样的联系呢？在意义上有什么相同和不同的地方吗？想一想。

（2）小组交流。

师：下面我们以小组为单位互相说一说。

（3）汇报。

师：哪个小组来说一说百分数和分数之间在意义上有什么相同和不同的地方？

生：相同的地方是百分数和分数都表示两个数的倍数关系、相比关系。

生：不同的是分数不仅表示两个数的倍数关系，还表示具体数量，而百分数只表示两个数的倍数关系。

师：还有需要补充的吗？

（4）小结。

师：同学们刚才回答得都非常好，非常有道理，特别是抓住了百分数和分数之间最本质的特点：相同点是百分数和分数都表示两个数的倍数关系，不同点是百分数只表示两个数的倍数关系，是百分率；而分数除了可以表示两个数的倍数关系之外，还表示具体的数量。既然百分数只表示两个数的倍数关系，表示的是百分率，那百分数的后面带单位名称吗？

生：百分数的后面不带单位名称。

师：说得太好了。同学们，你们知道吗？百分数和分数之间有着非常密切的联系，其中百分号中的短斜线，它可以表示分数中的哪个部分？比中呢？除法中呢？

生：它可以表示分数中的分数线，比中的比号，除法中的除号。

师：这说明百分号这个符号本身就表示了两个数相除的一种倍数关系。对于新旧知识之间的联系你有什么想说的吗？

生：知识之间的联系可真紧密啊！

生：我们要学会联系旧知识解决新问题。

师：说得真好啊！同学们能有这样的领悟老师感到非常高兴。知识之间的相互联系，可以把前面我们所学的旧知识和新知识紧密地联系起来，这样就可以形成一个完整的知识网络，对于我们下一步的学习有非常大的帮助。

三、看书质疑

师：下面打开数学课本 82 页，看一看 82 页和 83 页做一做上面的内容。

想一想还有什么不明白的内容吗？

四、巩固练习

1. 百分数的意义（出示毛衣图）

师：知道了百分数的意义，那你能说一说生活中的百分数表示什么意义吗？

师：（出示毛衣图：80%　100%）谁来说一说这个百分数表示的意义？

生：表示羊绒的含量占成分总量的 80%。

生：表示羊绒的含量占成分总量的 100%。

师：通过这两个百分数你还知道什么？哪件羊绒衫质量好呢？你是怎么知道的？

生：100% 的羊绒衫比 80% 的价钱贵；100% 比 80% 的羊绒衫暖和；100% 的羊绒衫是纯羊绒的；100% 的羊绒含量高一些。80% 的羊绒衫其他含量占成分总量的 20%。

师：同学们可真了不起，能从这两个不同的百分数中发现这么多有价值的信息。

2. 选择合适的数填在（　）中

40%　75%　200%　75/100　100%

（1）一本书已看了全书的 60%，还剩下全书的（　）。

师：你是怎么知道的？

生：因为 1–60%=40%，所以还剩下全书的 40%。

（2）一根铁丝长（　）米。

师：为什么选分数呢？

生：因为分数既可以表示分率，也可以表示具体数量。

（3）我国神州号宇宙飞船成功发射了11次，成功率是（ ）。

师：你们知道吗？就在10天前，我国神舟11号载人飞船在历经33天的太空航程后，已经顺利返航。现在你想对我国的航空航天技术说些什么？

生：我想说我国的航空航天技术真高，成功率是100%，没有一次失误。

师：是啊，正是由于这些优秀的航空航天技术人员对待工作的精益求精，才使得我国成为航天强国，我们要学习航天人的优良品质。

（4）一辆汽车严重超载，装的货物是现载重的（ ），这个司机要被吊扣驾照。

师：对于这个司机超载的现象你有什么想说的？

生：超载容易发生道路安全事故，会危害自己和他人的人身安全。

师：我国《交通安全法实施条例》第五十四条规定：机动车载物不得超过机动车行驶证上核定的载质量。为了自己和家人的安全，不要超载！

3. 数学资料：你知道吗？

师：谁来读一读，从这个资料中你知道了什么？

生：我知道了什么是恩格尔系数、恩格尔定律、恩格尔系数的范围、我国现在介于小康与相对富裕之间。

师：通过我国恩格尔系数的下降，可以看出人民的生活水平在逐步提高。从恩格尔系数来看，我们国家已经属于小康和相对富裕水平。但是这能说明我们国家人人都过上了幸福生活、没有贫困人口了吗？

师：这个恩格尔系数只能代表整体水平，而不是精准水平。你们知道吗？在党的十八大中，明确提出了我们国家到2020年要确保实现全面建成小康社会的目标。到那时，人民的生活水平就可以得到大幅度提高，人人都能过上幸福的生活。让我们共同翘首以待，盼望着这一天早日到来。

4. 拓展延伸数学资料。

师：你们在看电视、报纸杂志时看到过关于百分点的描述吗？请看下面的材料。百分点是指不同时期以百分数的形式表示的相对指标的变动幅度。1个百分点=1%，百分点经常出现在外汇市场、证券市场、储蓄利率的标准单位上。

师：从上面的信息中你知道了什么？

生：1个百分点=1%

百分点经常出现在外汇市场、证券市场、储蓄利率的标准单位上。

五、全课总结

师：这节课我们学习了什么知识？你有哪些收获？

生：知道了百分数的意义，会读和会写百分数；

知道了百分数和分数之间的联系；

知道新知识要联系旧知识来学习。

师：联系旧知识学习新知识是学习数学的重要方法。今天我们在联系旧知识解决新问题时还用到了猜想，然后我们进行了验证、得出了百分数的意义这个结论，最后我们应用百分数的意义来解决生活中的问题，这也是数学中非常重要的数学方法。希望同学们在以后的学习中能够应用这些方法来解决新问题。

六、评价

今天同学们的收获非常大，如果用今天学习的百分数来评价一下你的课堂表现，对知识的掌握度大约是多少呢？对自己的满意率呢？

看来同学们有的非常满意自己在这节课的表现，有的还有一些遗憾。最后送给同学们一句话，希望与同学们共勉。

天才 =1% 的灵感 +99% 的汗水

——爱迪生

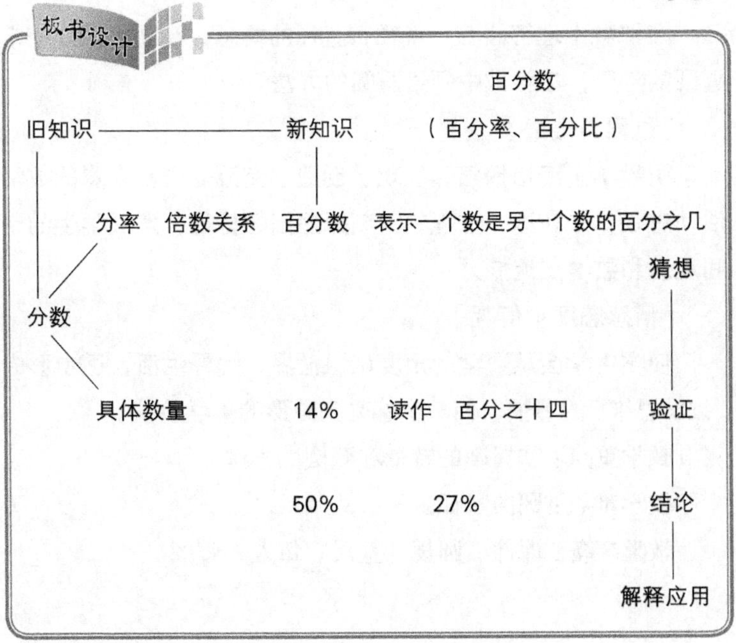

（此教学设计是学校教研活动的一节课例）

《认识圆》教学设计

教学内容：人教版六年级数学上册 57 ～ 58 页内容。

教学目标如下。

［知识与技能］

在情景中理解圆心、半径和直径的概念，在动手操作中掌握圆的特征，在尝试中领悟画圆的方法。

［过程与方法］

引导学生经历探索、发现、创造、交流等丰富多彩的数学活动过程，并在这一过程中深刻把握圆的特征，发展学生的空间观念和数学交流能力。

［情感态度价值观］

使学生学会从数学的角度认识世界、解释生活，逐步形成“数学思维”的习惯，使学生感受到圆形的美学价值。

教学重点：掌握圆的特征和画圆的方法。

教学难点：圆的特征。

教学准备：课件、圆规、直尺、每人一张圆。

一、创设情境

师：在今年的趣味运动会上，小东参加了一项投掷铅球比赛，他比赛的结果是这样的。请看大屏幕：铅球在距离你 6 米处。

师：如果用这个红点代表小东。猜一猜，铅球的位置可能在哪？

生：铅球可能在小东右边的 6 米处。

生：铅球可能在距离小东 6 米的圆周上。

师：铅球可能在哪呢？请看大屏幕：想一想，这些点最终会形成什么？

生：一个圆。

师：在这个圆上会有多少个点？

生：无数个点。

师：下面再想一想铅球会出现在这吗？这是圆的哪里？

生：不会，这是圆内。

师：这里会出现吗？这是……

生：不会，这是圆外。

师：看来铅球只能在以谁为中心？

生：小东为中心。

师：距离他 6 米的哪里？

生：圆上。

师：这节课我们就来继续学习有关圆的一些知识。（板书课题：认识圆）

二、自主探索，学习新知

1. 教学圆的各部分名称

（1）认识圆心。

师：下面请看大屏幕：这个点，你知道叫什么吗？

生：圆心。

师：那你知道什么叫作圆心吗？

生：圆中心的一点，叫作圆心。

师：说得非常好。我们就把圆中心的一点叫作圆心。一般用字母O来表示，齐读一遍。（板书：圆心O）

（2）认识半径。

师：下面我们再仔细观察这些线段，知道它们叫什么吗？

生：半径。

师：那你能说一说什么叫作半径吗？

生：从圆心到圆上的线段，叫作半径。

师：我们就把连接圆心和圆上任意一点的线段，叫作半径。一般用字母r表示。齐读一遍。（板书：半径r）

（3）认识直径。

师：我们再看这些线段，它们叫什么？

生：直径。

师：那什么叫作直径呢？

生：通过圆心的线段叫作直径。

师：我们就把通过圆心并且两端都在圆上的线段，叫作直径。一般用字母d表示。齐读一遍。（板书：直径d）

2. 练习

刚才我们认识了圆的半径和直径，那在下面的圆中，你知道哪条线段是半径，哪条线段是直径吗？（略）

3. 教学圆的特征

（1）折纸。

师：认识了圆的半径和直径，其实在圆里的半径和直径还藏有很多小秘密呢？下面请看大屏幕：请你在圆形纸上，先对折，打开，再换个方向对折，再打开，反复折几次，然后量一量，你会发现什么？看明白要求了吗？好，开始。

（2）小组交流。

师：你发现了什么特征，说给小组的同学听一听。

（3）汇报。

师：谁来说一说你的发现？

生 1：通过折纸发现了圆心。

师：非常好，想一想一个圆至少折几次就可以得到圆心？

生 2：发现直径有无数条。

生 3：发现半径有无数条。

生 4：所有的半径长度都相等，所有的直径长度都相等。

师：半径长度都相等，你是怎么知道的？怎么有的半径是 6cm，有的是 5cm，那我们能说所有的半径长度都相等吗？应该怎么说？

生 4：在同一个圆内。

师：说得非常好，我们在探讨圆的特征时都是指在同一个圆内进行研究的。

生 5：直径是半径的 2 倍。

生 6：半径是直径的 1/2。

（4）总结。

师：刚才同学们发现圆的这么多特征，下面我们一起来看一看。

4. 介绍有关圆的数学文化

师：关于圆的特征，其实早在2000多年前，我国古代就有了关于圆的精确记载。墨子说：圆，一中同长也。这里的一中就是指的什么？

生：圆心。

师：同长呢？

生：半径长度都相等，直径长度也都相等。

师：就是指在同一个圆内，所有的半径长度相等，所有的直径长度也都相等。

除此之外，在我国周髀算经中也曾记载：圆出于方，方出于矩。就是说最初的圆形是由正方形不断切割出来的。（演示过程）这样我们现在看到的圆是一个什么样的圆呢？

生：没有角。

师：用老子的话说就是“大方无隅”，意思是说圆是无限大的方，没有角。

5. 教学画圆

（1）借助圆形物体画圆。

师：刚才我们研究了圆的特征，现在你最迫不及待地想干什么？

生：画圆。

师：在我们没有学习画圆时，你画过圆吗？你是怎么画出来的？

生：略。

师：也就是说，借助圆形物体来画的，对吗？现在我想让你画一个半径是 2cm 的圆，（展示：画一个半径是 2cm 的圆。）你想怎么画？

生：用圆规。

（2）借助圆规画圆。

师：现在就请你在作业纸上画一个半径是 2cm 的圆，要边画边思考（展示要求：你是怎么画圆的？画圆时应注意什么？）。

师：谁来说一说你是怎么画圆的？这是一把圆规，首先你是怎么做的？

生 1：首先把圆规的两脚分开，使两脚的距离是 2cm。

师：然后呢？

生 2：把有针尖的一只脚固定在一点上作为圆心。

师：然后呢？

生 3：让装有铅笔的一只脚旋转一周。

师：这样我们就画成了一个圆。可是我发现有的同学没有画成一个圆，那么我们在画圆时还应注意什么？

生 1：要用手拿着圆规的头。

师：还有要注意的吗？

生 2：有针尖的一只脚不能乱动。

师：也就是说，圆心不能动，如果乱动就怎么样？所以说圆心决定圆的什么？

生：圆心决定圆的位置。

师：还有吗？

生 3：要量准两只脚的距离。

师：要量准圆的半径，如果量成 4cm 的半径，画的圆就会变大。所以说半径可以决定圆的什么？

生：半径决定圆的大小。

师：我们在画圆时还要注意：在画完后我们要标出圆心和半径的长度。（板书 0 r=2cm），请在你画的圆内标出它们来。

现在你能准确地画出一个半径是 4cm 的圆吗？请在第二张作业纸上画出来。

师：同位互相交流一下。（展示两张作品）这两位同学画得怎么样？

（3）拓展画圆。

师：刚才同学们借助圆规准确地画出了一个圆，这真应验了古人说的一句话："没有规矩，不成方圆。"意思是说：没有圆规，是画不出圆的。现在请同学们想一下：如果我在操场上画一个最大的圆，你会采用什么方法呢？

生：沉默。

师：那如果我给你一根足够长的绳子和一支粉笔，你能画出来吗？怎么画呢？

生：把绳子的一端固定，让绳子的另一端系上粉笔，然后旋转一周。

师：真聪明。把绳子的一端固定，也就是先固定圆的什么？让绳子的另一端系上粉笔，这实际上就是固定了圆的什么？然后旋转一周就能画成一个圆。看来在我们实际生活中，要遇到具体问题具体分析、具体解决。

三、指导看书

以上这些就是我们今天学习的新知识。下面打开课本，看一看 57 ～ 58 页的内容，可以用笔把重点部分画上线。想一想还有什么不明白的问题吗？

四、巩固练习

图 3-1　阴阳太极图

1. 看图填空：练习十四第 2 题。

2. 阴阳太极图，如图 3-1 所示。你想到了什么？

3. 动画欣赏。

师：下面我们轻松一下，看一段动画。

看完之后你想说什么？

生：圆形车轮的汽车开得又快又平稳，方形和椭圆形车轮的汽车开得又慢又高低不平。

师：这是为什么呢？这与我们今天学习的圆的知识有什么联系吗？

生：因为圆形的半径长度都相等，直径的长度都相等。

师：到底是不是这样呢？我们一起来看一下车轮运动的轨迹。圆形的车轮它的半径长度都相等，所以运动起来又快又平稳，因此在实际生活中，我们一般把车轮都制作成圆形的，把车轴都安装在什么位置？

生：圆心。

师：其实关于车轮为什么要制成圆形的，今天我们只是初步地应用圆的知识进行解释，至于到底为什么？课下请同学们到网上去查一查有关的知识，好吗？

五、全课总结

这节课我们学习了什么知识？你有哪些收获？

六、欣赏图片，结束新课

师：今天我们只是初步认识了圆，下面就让我们走进圆的世界，去欣赏、去感受圆所带给我们的美妙与神奇吧。（展示图片）

板书设计

认识圆

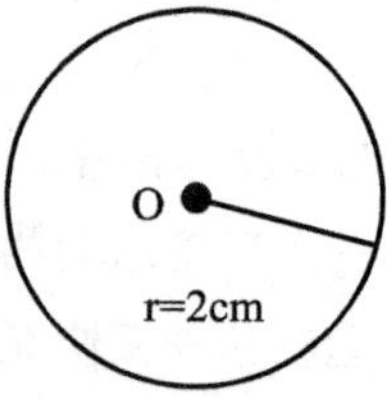

圆心 O →位置

半径 $r=1/2d$ →大小

在同一个圆内，无数条，长度都相等。

直径 $d=2r$

（此教学设计为鲁城街道教学研讨会活动的一节示范课）

《整理和复习——因数和倍数》教学设计

教学内容：人教版五年级下册总复习 116 页内容第 1 题及练习二十八 1 ～ 3 题。

教学目标如下。

[知识与技能]

归纳整理“因数和倍数”的有关概念，理解并掌握概念间的内在联系，形成认知结构。

[过程与方法]

亲历数学知识的整理过程，培养学生的观察、分析、比较、概括、判断等逻辑思维能力。

[情感态度、价值观]

在整理和复习的过程中，培养学生合作、交流的意识，渗透事物间互相联系、互相依存的辩证思想。

教学重点：概念间的联系和发展，运用所学的知识解决实际问题。

教学难点：归纳和整理知识点，形成知识网络。

教具准备：课件。

教学过程如下。

一、游戏引入

（课前板书：因数和倍数）

1. 游戏——联想接龙

师：同学们，喜欢玩游戏吗？现在我们来做一个联想接龙的游戏好吗？看黑板上这个数2（板书：2），请你用因数和倍数单元的知识来描述这个数，其他同学既可以从第一个同学的描述中利用本单元的相关知识尽可能多地进行联想，也可以从这个数2继续展开联想，听清楚要求了吗？谁先来？

生：2是最小的质数。

师：漂亮，真是一个非常好的开头！那从质数这个概念可以联想到什么？

2是质数，2是偶数，2是最小的质数，2既是偶数又是质数，2的因数有1和2，2的倍数有2、4、6、8等等，2的最大因数是它本身，2的最小倍数也是它本身。（随机出示质数、合数、偶数、奇数、因数、倍数、最大公因数、最小公倍数、公因数、公倍数、2的倍数特征、3的倍数特征、5的倍数特征卡片）

2. 小结

同学们的联想能力非常强，反应也特别快，能够通过一个概念联想到另一个概念，这说明这些知识之间并不是孤立存在的，而是有着非常紧密的联系。这节课我们就一起来进一步整理复习这些内容，理清它们之间的关系，构建这些知识的网络体系。（板书：整理和复习）

二、回顾整理，构建网络

1. 初步构建知识网络

（1）独立思考。

那我们怎么样把黑板上这些凌乱的概念，整理得既简洁，又能有序地体现出这些知识间的联系呢？

（2）小组交流。

课前老师让同学们对这一单元的内容用自己喜欢的方式进行了整理，现在我们就以小组为单位相互进行交流，先仔细听要求：每个同学在组内先说一说自己是怎样进行整理的；然后小组同学根据大家的整理情况想一想，怎样整理能够更加体现这些知识之间的联系，并说明理由；最后大家选取一名同学优秀的作品，根据讨论交流的建议进行适当地调整和修改。听清楚要求了吗？（出示课件）

（3）汇报。

师：老师选了几个比较有代表性的知识网络图，让这几位同学来说一说整理的思路。

师：下面的同学对于 ×× 同学的整理还有什么建议吗？

生：我认为 ×× 同学整理的知识比较有条理，能够体现知识之间的联系。

生：我认为 ×× 同学用树状图来整理的知识很清晰，能看清知识之间的来龙去脉。

……

（4）师生共同整理。

师：同学们的整理各不相同，但都能较好地体现出知识之间的联系，当然也存在这样那样的小瑕疵，下面咱们就一块来调整和完善这些知识之间的关系。

师：在因数和倍数单元中，你认为最基本的概念是什么？

生：因数和倍数。

师：为什么？

生 1：因为本单元一开始学习的内容就是因数和倍数。

生 2：因为其他的概念都是以因数和倍数作为基础。

生 3：顾名思义，因数和倍数的整理和复习就是围绕因数和倍数的概念开展学习的。

师：说得非常有道理，我们就是从因数和倍数这两个基本概念开始进行研究的。大家还记得吗？因数和倍数之间存在着什么关系呢？（板书：相互依存）这说明这两个概念之间有着千丝万缕的联系。

师：在这些概念中，你认为哪些概念与因数有关呢？

生：公因数、质数、合数、最大公因数。

师：哪些概念又与倍数有关呢？

生：公倍数和最小公倍数，奇数，偶数，2、3、5 倍数的特征。

师：现在我们把这些概念分为了几大类？

生：两大类。

师：在因数这一类中你很容易联想到哪个概念？由公因数又可以联想到谁呢？

生：最大公因数。

师：为什么把质数和合数也放在因数这一类呢？

生：因为质数和合数是根据因数的个数进行分类的。

师：下面我们再看倍数这一类，从倍数这一类我们很容易联想到哪个概念？由公倍数又可以联想到谁呢？

生：最小公倍数。

师：我们在学习倍数的特征时，重点学习了哪几个数的特征？

生：2、3、5 的倍数的特征。

师：偶数和奇数这两个概念放在哪里合适呢？为什么？

生：放在 2 的倍数的特征后面合适。因为根据 2 的倍数特征可以分为偶数和奇数两大类。

2. 优化再建

师：现在请大家把这个整理结果和你们课前的整理结果做一下对比，你有什么感受呢？有什么想说的吗？

3. 总结

师：俗话说，书越读越薄就是这个道理，你们瞧，原来这么多、这么凌乱的概念，经过我们大家的智慧，就显得特别简洁，特别能体现出知识之间的联系。其实，有序整理的形式还有很多，老师也搜集了同学们课前整理的作品，我们一起来看一看。是不是特别有创意呢？

除了同学们精彩的设计形式，老师还搜集了一些，我们一起来看看。

师：对你有没有启发呢？大家在学习借鉴的同时，尤其要注意的是，我们如何利用这些形式去更好地体现知识之间的联系。只有这样你才会按图索骥，通过你的联想进行添枝加叶，使内容更加完善，这种整理和复习的方法实际上就是思维导图学习法。（板书：思维导图）思维导图这种学习方法不仅适用于数学这门学科，也同样适用于其他学科。下面我们就按照这样的思路来进行具体的练习。

三、巩固练习，强化提高

1. 基本练习。

(1)因数和倍数。

12÷2=6( )和( )是( )的因数，( )和( )是( )的倍数。

师：你能说一说什么叫作因数和倍数吗？

生：在整数除法中，如果商是整数而没有余数，我们就说被除数是除数的倍数，除数是被除数的因数。

师：我们知道因数和倍数存在着相互依存的关系，你是怎么理解这个关系的呢？

生：必须说谁是谁的因数，谁是谁的倍数。

师：你知道 12 的因数有哪些吗？

生：12 的因数有 1，12，2，6，3，4。

师：你发现一个数的因数有什么特点？

生：一个因数的个数是有限的，最小的因数是 1，最大的因数是它本身。

师：2 的倍数有哪些呢？

生：2，4，6，8……

师：一个数的倍数有什么特点？

生：一个数的倍数的个数是无限的，最小的倍数是它本身，没有最大的倍数。

(2)2、3、5 倍数的特征。

8，15，20，136，147，111 选择合适的数填入括号内。

2 的倍数有( )，5 的倍数有( )，3 的倍数有( )。

师：你能说一说 2 的倍数特征吗？

生：个位是 0，2，4，6，8 的数都是 2 的倍数。

师：知道了 2 的倍数的特征，那 5 的倍数有什么特征呢？

生：个位是 0 或 5 的数。

师：一个数既是 2 的倍数，又是 5 的倍数，这样的数有什么特点？

生：个位是 0 的数。

师：那 3 的倍数特征呢？

生：一个数个位上的数字的和是 3 的倍数，这个数就是 3 的倍数。

师：在上面的这些数中，哪些数是偶数？哪些数是奇数呢？

生：偶数有 8，20，136，奇数有 15，147，111。

师：什么叫作偶数？什么叫作奇数？

生：整数中，是 2 的倍数的数叫作偶数（0 也是偶数）

不是 2 的倍数的数叫作奇数。

师：根据 2 的倍数的特征，我们又可以把自然数分为几类？哪两类呢？

生：分为两类，奇数和偶数。

（3）质数与合数。

在 1 ～ 20 自然数中，质数有（ ），合数有（ ），（ ）既不是质数也不是合数。

师：谁能说一说什么是质数，什么是合数呢？

生：一个数，如果只有 1 和它本身两个因数，这样的数叫作质数（或素数）。

一个数，如果除了 1 和它本身两个因数还有别的因数，这样的数叫作合数。

师：我们知道一个非零自然数按照因数的个数可以分为几

类？哪几类呢？

生：质数、合数与 1。

（4）公因数、最大公因数。

A：把 16 和 12 的因数、公因数分别填在相应的位置，并指出它们的最大公因数是多少。

师：你能说一说什么是公因数和最大公因数吗？

生：几个数公有的因数叫作这几个数的公因数，其中最大的公因数叫作最大公因数。

师：你知道两个数的公因数与最大公因数之间有什么关系？

生：两个数的公因数是最大公因数的因数。

B：找出下列每组数的最大公因数。

4 和 8　12 和 36　8 和 9　1 和 7

师：你发现了什么？

生：如果两个数是倍数关系，较小数就是它们的最大公因数；如果两个数只有公因数 1，它们的最大公因数就是 1。

（5）公倍数和最小公倍数。

A：把 3 和 2 的倍数、公倍数填在相应的位置，并指出它们的最小公倍数是多少。

师：你能说一说什么是公倍数和最小公倍数吗？

生：几个数公有的倍数叫作这几个数的公倍数，其中最小的公倍数叫作最小公倍数。

师：你知道两个数的公倍数与最小公倍数之间有什么关系？

生：两个数的公倍数是最小公倍数的倍数。

B：找出下列每组数的最小公倍数。

4 和 8　12 和 36　8 和 9　1 和 7

师：你发现了什么？

生：如果两个数是倍数关系，较大数就是它们的最小公倍数；如果两个数只有公因数 1，最小公倍数就是这两个数的乘积。

师：我们在求两个数的最大公因数和最小公倍数可以用哪些方法？

生：列举法，筛选法，分解质因数法，短除法。

2. 判断，对的打√，错的打 ×

（1）5 是因数，35 是倍数。（ ）

（2）一个质数至少有 2 个因数，一个合数至少有 3 个因数。（ ）

（3）公因数的个数是无限的，公倍数的个数是有限的。（ ）

（4）两个奇数的积一定是奇数。（ ）

（5）个位是 0 的数，同时是 2 和 5 的倍数。（ ）

3. 破译密码

A 是最小的质数，B 是最小的偶数，C 是最小的合数，D 是最小的奇数，E 是 10 以内最大的合数，F 是 5 的最小倍数。

A、B、C、D、E、F 分别是哪些数呢？

4. 拓展延伸

一篮鸡蛋，若 5 个 5 个地数，最后余 1 个；若 4 个 4 个地数，最后也余 1 个；若 3 个 3 个地数，最后还是余 1 个。篮中至少有多少个鸡蛋？

四、课堂总结

师：同学们，时间过得真快，马上要下课了，让我们一起来回忆一下，通过这节课的整理和复习，你有什么收获？

师：数学知识之间是有联系的，只要抓住它们之间的内在联系，就能把这些杂乱无章的知识形成一个有序的网络，希望大家能够利用今天的学习方法进行整理和复习。

板书设计

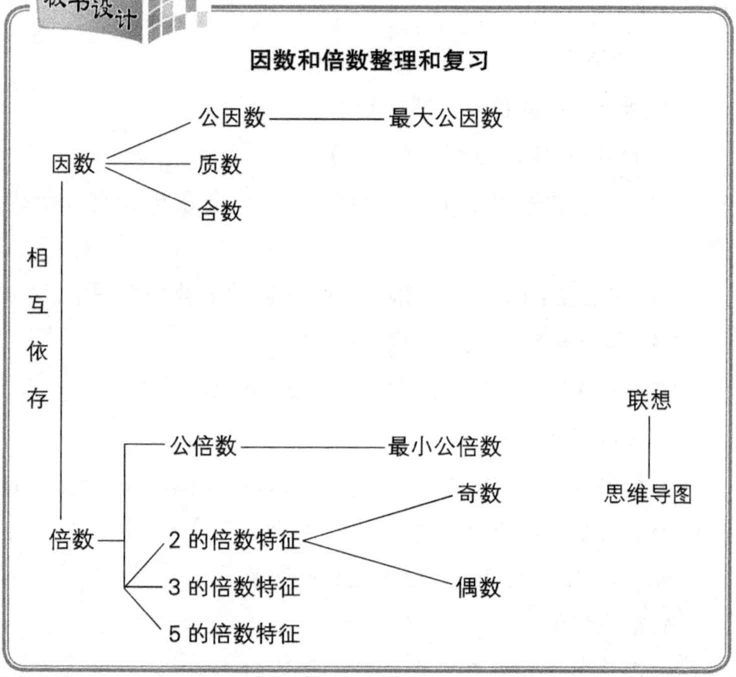

（此教学设计为家长开放日活动的一节课例）

《真分数和假分数》教学设计

教学内容：人教版九年义务教育六年制小学数学第十册 98 ～ 99 页的内容。

教学目标：

使学生认识并能正确区分真分数和假分数。

掌握假分数化整数的方法，会把假分数化成整数。

通过学生的成功体验，培养学生热爱数学的情感。

教学重点：正确区分真分数和假分数。

教学难点：假分数的意义。

教具准备：课件、图片。

教学过程如下。

一、谈话引入，揭示课题

师：同学们，你们了解我吗？请判断下面我说的哪句话是真话，哪句话是假话？我是曲阜人，今年 43 岁，在曲阜师范大学附属小学工作。

生：前两句是真话，最后一句是假话。

师：生活中话语有真假之分。你们知道吗？在数学的分数

王国里也有真假之分，它的真假与我们生活中的真假是否一样呢？这节课我们就来学习真分数和假分数。（板书课题）

二、自主学习，探究体验

1. 看课题提出问题

师：看到这个课题，你还想知道哪些知识？

生 1：我想知道什么是真分数，什么是假分数。

生 2：真分数和假分数之间有什么区别？

生 3：数学中的真假，到底与我们生活中的真假有什么不同？

2. 自学课本，初步感知

师：请同学们带着这些问题自学课本 98 ～ 99 页的内容，想一想你会从中知道哪些知识，还有什么不明白的问题，然后在小组内进行交流。（学生自学，教师巡视）

3. 汇报

师：哪个小组愿意把你们的学习成果与大家一起分享？你们知道了哪些知识呢？

生：我知道了分子比分母小的分数叫作真分数，真分数小于 1。

师：你能举出几个这样的例子吗？

生：1/3　3/4　5/6……

师：同学们理解得非常好，举出了这么多的分数。除了这些你还知道了哪些知识？

生：我知道了分子比分母大或分子和分母相等的分数叫作假分数，假分数大于 1 或等于 1。

师：你能举出这样的例子吗？

生：3/3　8/4　11/5……

师：关于真分数和假分数，你还知道哪些知识？

生：我知道了分数与除法的关系，可以把假分数化成整数。

师：在什么条件下，可以把假分数化成整数？

生：分子恰好是分母的倍数。

师：试一试你会把 3/3　8/4 化成整数吗？

生 1：3/3=3 ÷ 3=1

　　8/4=8 ÷ 4=2

生 2：还可以想 3 个 1/3 是 1，8 个 1/4 是 2。

师：想法很独特。想一想把假分数化成整数的根据是什么？

生：分数与除法的关系。

4. 动手操作，充分感知

（1）第一次折纸。

师：下面请同学们拿出一张圆形纸，折一个你喜欢的分数，并用阴影表示出来。（学生动手折，教师巡视，挑选有代表性作品进行展示。）

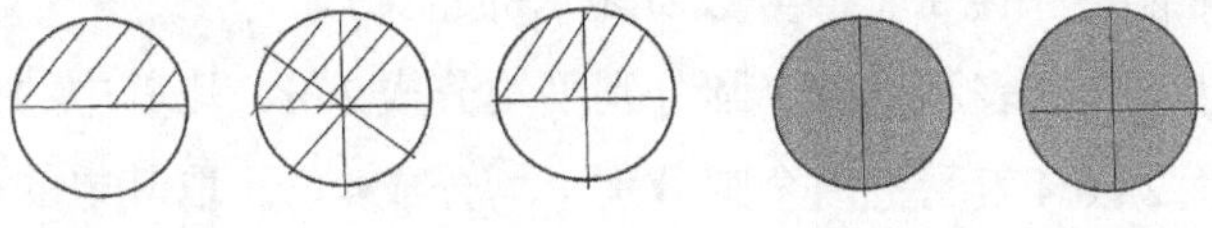

1/2　　3/8　　2/4　　2/2　　4/4

谁能说一说每个分数所表示的意义？

生 1：1/2 表示把一个圆平均分成 2 份，取其中的 1 份。

生 2：3/8 表示把一个圆平均分成 8 份，取其中的 3 份。

生 3：2/4 表示把一个圆平均分成 4 份，取其中的 2 份。

生 4：2/2 表示把一个圆平均分成 2 份，取其中的 2 份。

生 5：4/4 表示把一个圆平均分成 4 份，取其中的 4 份。

师：观察这些作品，你发现了什么？

生：发现真分数都小于 1，假分数都大于 1。

生：真分数中阴影部分只占圆的一部分，而假分数的阴影部分却占圆的全部。

师：刚才我们用一张圆形纸可以得到小于 1 的真分数，还可以得到等于 1 的假分数，可是为什么得不到大于 1 的假分数呢？

生：因为只有一张圆形纸不够，所以得不到大于 1 的假分数。

（2）第二次折纸。

师：如果再给你同样大小的一张圆形纸，你会折出比 1 大的假分数吗？（学生纷纷欲试，教师巡视，挑选有代表性的作品进行展示。）

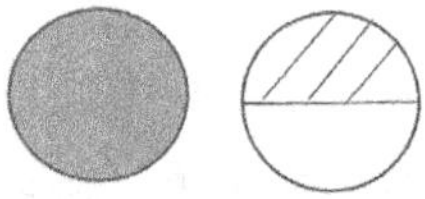

3/2

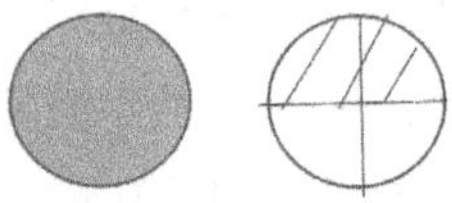

6/4

谁能说一说每个假分数所表示的意义？

生 1：3/2 表示把两个圆分别平均分成 2 份，取其中的 3 份。

生 2：6/4 表示把两个圆分别平均分成 4 份，取其中的 6 份。

（3）第三次折纸。

师：你能利用手中的圆形纸任意折出一个你自己喜欢的假分数吗？（学生动手折，教师巡视，选择有代表性的作品进行展示。）

5/2

10/4

师：说一说每个假分数所表示的意义？

生 1：5/2 表示把三个圆分别平均分成 2 份，取其中的 5 份。

生 2：10/4 表示把三个圆分别平均分成 4 份，取其中的 10 份。

三、实践应用，拓展练习

1. 做一做 1、2 题：独立完成，集体订正。

2. 练习二十一 1 ～ 3 题：在书上独立完成。

3. 填空题。

（1）分母是 6 的真分数有（　　）个，其中最大的是（　　）。

（2）分母是 6 的假分数有（　　）个，其中最小的是（　　）。

四、全课总结

师：通过这节课的学习，你有哪些收获？你还有哪些不明白的问题吗？数学中的真分数和假分数与我们生活中的真假有什么不同吗？

生：我知道了什么是真分数，什么是假分数。

　　真分数都小于 1，而假分数大于或等于 1。

生：我知道分数可以分为两类：一类是真分数，另一类是假分数。

生：我知道了数学中的真分数和假分数与我们生活中的真假是不同的。

板书设计

真分数	和	假分数
分子比分母小的分数		分子比分母大或 分子和分母相等的分数
小于1		大于或等于1
1/3　3/4　5/6		3/3　8/4　11/5

（此教学设计被评为济宁市学具优质课一等奖）

《分数的意义》教学设计

教学内容：人教版义务教育课程标准实验教科书60～61页的内容。

教学目标：

通过教学使学生知道分数是怎样产生的，理解分数的意义，知道单位“1”不仅是一个物体，许多物体组成的一个整体也可以用单位“1”来表示。

通过说一说、分一分、涂一涂、想一想等活动，理解单位“1”的含义，感受并理解分数的意义，培养学生的抽象、推理和概括的能力。

通过创设互相协作，积极探索的学习情境，培养学生的学习兴趣，并渗透数学来源于实际生活的思想。

教学重点：单位“1”的意义，理解分数的意义。

教学难点：建立单位“1”的概念。

教学过程如下。

一、建立单位“1”的意义

1. 自然数 1 的含义

师：（板书：1）这个数认识吗？是几呀？这个问题好像太简单了，想一想这个自然数 1，在我们生活中可以表示什么？

生 1：自然数 1 可以表示一朵花。

生 2：自然数 1 可以表示一只兔子。

……

师：看来这个自然数 1 可以表示数量是 1 的物体，除此之外还可以表示什么？

生：一个班级。

师：你能说一说为什么一个班级用 1 来表示吗？

生：我们班有 44 名同学，但我们是一个班集体。既然是一个整体，就可以用 1 来表示。

师：说得真好。这样我们就可以把一个班级的所有同学看作一个什么？

生：一个整体。

师：这个整体，就可以用 1 来表示。感谢刚才这位同学的思考，一下子就把范围从一个物体扩大到了一些物体。谁接着来？

生 1：一群羊也能用 1 来表示。

生 2：全校的同学也可以用 1 来表示。

……

2. 揭示单位“1”的意义

师：看来，这个小小的自然数 1 不仅可以表示像这样的（课件出示：一只熊猫）一个物体，还可以表示由一些物体（课件出示：4 只喜洋洋）组成的一个整体。这个整体就可以用自然数 1 来表示，通常我们把它叫作单位“1”。（板书：单位“1”）现在我们就可以把这样的一只熊猫看作什么？ 4 只喜洋洋呢？

生：单位“1”。

从学生熟悉的自然数 1 引入，学生感到非常新鲜，这样的简单问题一下子就紧紧地吸引了学生的眼球，在不知不觉中学生体会到单位“1”与自然数 1 的意义相同，不仅可以表示数量是 1 的物体，还可以表示由一些物体组成的一个整体，沟通了新旧知识的联系，便于学生理解单位“1”所表示的意义。

二、教学分数的意义

1. 一个物体表示的分数意义

师：（课件出示：一个苹果）把一个苹果可以看作什么？

生：把一个苹果看作单位“1”。

师：如果让你分一分，你会得到哪些分数？

生：$\frac{1}{2}$ $\frac{1}{3}$ $\frac{2}{3}$ $\frac{2}{4}$……

师：（板书：$\frac{1}{2}$ $\frac{2}{4}$ ）说一说你是怎样得到的这个 $\frac{1}{2}$？

生：把单位“1”平均分成 2 份，每份是它的 $\frac{1}{2}$。

师：说得非常好，刚才我们在用分数表示时，应注意把单位 1 怎样分？

生：平均分。

师：（板书：平均分）那$\frac{2}{4}$又表示什么意义？

生：把单位“1”平均分成4份，其中的2份是它的$\frac{2}{4}$。

2. 一些物体表示的分数意义

（1）4个苹果表示的意义。

师：（课件出示：4个苹果）下面我们再看这些苹果，可以看作什么？

生：把4个苹果看作单位“1”。

师：如果让你动手分一分，你会得到哪些分数？下面在你的作业纸上先分一分，再涂色，用分数表示涂色的部分，完成后同位说一说$\frac{1}{4}$所表示的分数的意义。

师：刚才老师搜集了几位同学的作业纸，我们一起来看一看。谁来说一说$\frac{1}{4}$所表示的意义？$\frac{2}{4}$呢？$\frac{3}{4}$呢？$\frac{1}{2}$呢？

生1：把单位“1”平均分成4份，每份是它的$\frac{1}{4}$。

生2：把单位“1”平均分成4份，其中的2份是它的$\frac{2}{4}$。

生3：把单位“1”平均分成4份，其中的3份是它的$\frac{3}{4}$。

生4：把单位“1”平均分成2份，其中的1份是它的$\frac{1}{2}$。

（2）6个苹果表示的意义。

师：（课件出示：6个苹果）现在如果有6个苹果呢？想一想你会得到哪些分数？

生：$\frac{1}{2}$ $\frac{1}{6}$ $\frac{2}{6}$ $\frac{3}{6}$ $\frac{4}{6}$ $\frac{5}{6}$ $\frac{1}{3}$ $\frac{2}{3}$

师：说一说$\frac{1}{2}$表示什么意义？$\frac{2}{3}$呢？$\frac{5}{6}$呢？

生1：把单位“1”平均分成2份，每份是它的$\frac{1}{2}$。

生2：把单位“1”平均分成3份，其中的2份是它的$\frac{2}{3}$。

生3：把单位“1”平均分成6份，其中的5份是它的$\frac{5}{6}$。

（3）一堆苹果表示的意义。

师：（课件出示：一堆苹果）现在如果有一堆苹果，分一分，你会得到哪些分数？

生：$\frac{1}{2}$　$\frac{3}{5}$　$\frac{3}{7}$　$\frac{2}{10}$　$\frac{4}{9}$……

师：能说得完吗？你能说一说$\frac{3}{7}$、$\frac{2}{10}$各表示什么意义吗？

生1：把单位“1”平均分成7份，其中的3份是它的$\frac{3}{7}$。

生2：把单位“1”平均分成10份，其中的2份是它的$\frac{2}{10}$。

3. 揭示分数的意义

师：下面请同学们结合我们前面分的过程所得到的分数，想一想这些分数是怎样表示出来的？

生1：把单位“1”平均分成几份，这样的几份就可以用分数来表示。

生2：把单位“1”平均分成若干份，这样的一份或几份可以用分数来表示。

师：刚才大家说得都非常好，我们要想用分数来表示，就是要把单位“1”平均分成若干份，表示这样的一份或几份的数叫作分数，这就是我们今天所学的新知识。（板书：分数的意义）下面谁能结合分数的意义，举例说一说任意一个分数表示什么意义？

生 1：$\frac{9}{10}$表示把单位“1”平均分成 10 份，其中的 9 份是它的$\frac{9}{10}$。

生 2：$\frac{2}{5}$表示把单位“1”平均分成 5 份，其中的 2 份是它的$\frac{2}{5}$。

……

通过分 1 个苹果类推到分 4 个苹果、6 个苹果到一堆苹果，使学生在分的过程中逐步抽象、推理和概括出分数表示的意义，已经能根据举例的分数熟练说明每个分数表示的具体意义。

4. 对比辨析

师：知道了分数的意义，下面我们来看这两幅图，想一想它们为什么都可以用$\frac{1}{2}$来表示？

生：这两幅图都是把单位“1”平均分成了 2 份，都表示了这样的一份。

课件出示：两幅苹果图，如图 3-2 所示。

$\frac{1}{2}$　　　　$\frac{1}{2}$

图 3-2　两幅苹果图

师：说得非常好，请观察第一幅图可以用$\frac{2}{4}$来表示吗？第二幅图能有$\frac{3}{6}$来表示吗？为什么？

生 1：不能。因为$\frac{2}{4}$是表示把单位“1”平均分成 4 份，表示其中的 2 份，$\frac{3}{6}$是表示把单位“1”平均分成 6 份，表示其中的 3 份，而第一幅图与第二幅图都表示把单位“1”平均分成 2 份，表示这样的 1 份，所以不能用$\frac{2}{4}$和$\frac{3}{6}$来表示。

生 2：不能。分数的意义只与平均分的份数、其中的分数有关，与单位“1”数量的多少没有关系。

师：真是一语中的啊！看来只要把单位“1”平均分成 2 份，这样的一份就可以用$\frac{1}{2}$来表示，它与单位“1”数量的多少是没有关系的。下面我们再来观察这两幅图，为什么第一幅图的每份是 2 个苹果，而第二幅图的每份是 3 个苹果呢？

生 1：因为第一幅图中有 4 个苹果，平均分成 2 份后，每份就有 2 个苹果；而第二幅图中有 6 个苹果，平均分成 2 份后，每份就有 3 个苹果。

生 2：因为单位“1”的数量不同。

师：因为单位“1”的数量不同，所以每份里面包含的数量也不同。

这节课的易错点往往就是容易把第一幅图中的$\frac{1}{2}$用$\frac{2}{4}$来表示，第二幅图用$\frac{3}{6}$来表示，学生为什么会出错呢？究其原因还是对于分数的意义理解不透彻。因此，在这个环节中设置了三个问题，使学生体会到分数所表示的意义与单位“1”数量的多少无关，只与平均分的份数、其中份数有关，避免物体数量多少对分数意义的干扰，突出了分数是表示部分与整体之间的本质关系，同时在比较每份中数量的同时也为后续知识的学习埋下了伏笔。

三、夯实基础，拓展应用

1. 基本练习

（1）做一做：指生口答。

（2）练习十一中 1 ～ 4 题：独立写在书上，集体订正。

2. 联系生活，拓展分数的意义

（1）根据测定，成人头部的高度约占身高的 $\frac{1}{8}$。

（2）死海表层的水中含盐量达到 $\frac{3}{10}$。

3. 游戏：猜一猜一共有几个三角形？

（1）

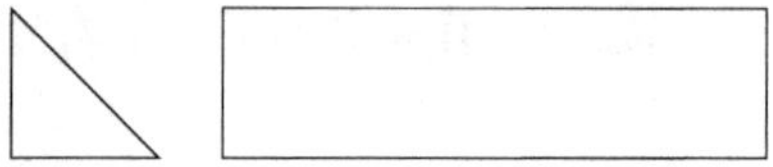

（2）

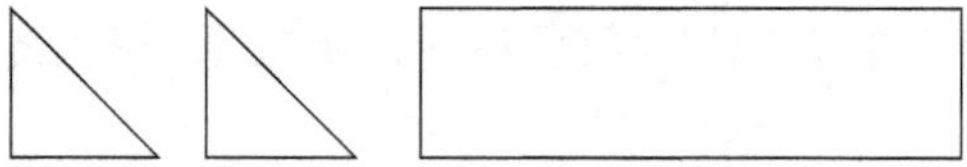

（3）

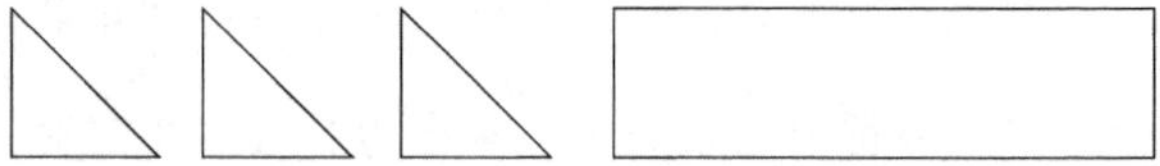

采用教材提供的习题，目的是夯实基础；采用生活材料，让学生体会到数学与生活的紧密联系，进一步巩固分数所表示的意义；通过游戏猜一猜，使学生灵活运用所学知识，突出趣

味性，把握数学本质，为后续知识点的学习起到孕伏的作用。

四、分数的产生和历史

师：（课件出示：分数产生的资料）让学生说一说分数是怎样产生的？

生：人们在测量、分物或计算时，往往不能正好得到整数的结果，这时常用分数来表示。

师：实际上，分数的产生也经历了一个非常漫长的过程。（课件出示：分数的历史资料）通过了解分数的产生历史，你想说点什么？

生：古代人民非常聪明，非常有智慧。

五、全课总结

师：今天我们学习了什么？你都知道了哪些知识？

板书设计

分数的意义

单位“1”

表示这样的一份或几份

平均分成若干份

$\frac{1}{2}$　$\frac{2}{4}$　$\frac{2}{3}$　$\frac{5}{6}$　$\frac{9}{10}$　$\frac{2}{5}$

这是一节送课下乡的示范课，在设计之初我的想法就是要让农村老师能够看得见，摸得着，真实些，朴实些，去除花哨，变成听课教师易于接受，学生又易于理解的一节课。通过教学，达到了预期的效果，教师教得轻松，学生学得扎实。

苏教版《找规律》教学设计

教学内容：苏教版义务教育课程标准教科书四年级下册 50 ～ 51 页。

教学目标：

使学生了解生活中的一些简单搭配现象，通过操作提出不同的搭配方案。

使学生在探索不同搭配方案的过程中发现一些简单的规律，初步体会有序思考和符号化思想。

使学生在活动中增强探索数学规律的兴趣，积累积极的数学学习情感。

教学重点：学会有序地思考，掌握求两类事物搭配的方法。

教学难点：探究两类事物搭配的规律。

教学过程如下。

一、游戏引入，揭示课题

1. 游戏

师：咱们一起来玩一个石头、剪子、布的游戏，好吗？准备好，我喊一二开始，咱们就一起出。（师生共同玩游戏）

谁赢了，挥挥手。

谁输了，点点头。

谁平了，笑一笑。

师：从刚才的结果来看，你们有几种应对我的玩法？

生：3 种。

2. 小结

如果像这样继续玩下去，你和老师之间会有多少种不同的玩法？这其中又存在什么规律？这节课我们就来探索其中的奥秘，继续学习有关找规律的知识。（板书课题：找规律）

二、在活动中探究选配方法

1. 创设情境，提出问题。

师：今天孔老师还特意给大家带来了一些礼物，想知道是什么吗？请看大屏幕（出示主题图）。从图中你知道哪些数学信息？

生：2 顶帽子，3 个木偶。

师：如果给一个木偶配上一顶帽子，根据上面的信息能提出什么数学问题？

生：一顶帽子有几种搭配方法？

生：一共有多少种搭配方法？

师：这个问题非常有价值，我们换种说法可以吗？有多少种选配方法？

2. 猜一猜。可以有多少种不同的选配方法？

3. 小组合作。先独立动手摆图片，再小组交流，说一说你是怎么选配的？有几种选配方法？

4. 汇报交流。

（1）先选木偶，再考虑给木偶配上不同的帽子。也就是说，1 个木偶可以配 2 顶帽子，3 个木偶可以配 6 顶帽子，一共有 6 种选配方法。

（2）先选帽子，再考虑给帽子配上不同的木偶。也就是说，1 顶帽子可分别给 3 个木偶配上，有 3 种方法，2 顶帽子就有 2 个 3 种方法，一共有 6 种选配方法。

（3）凭直觉。2 × 3=6。

三、创新表示，体会符号思想

1. 学做小小设计师。

师：现在如果没有实物图片，你能想办法设计创作一种简单的记录方法吗？

出示设计要求：

（1）能清楚地表示出这 6 种选配方法。

（2）设计的作品要简洁、明了。

2. 汇报展示。学生作业，简要评析。

3. 演示用符号表示的过程。

（1）先选木偶

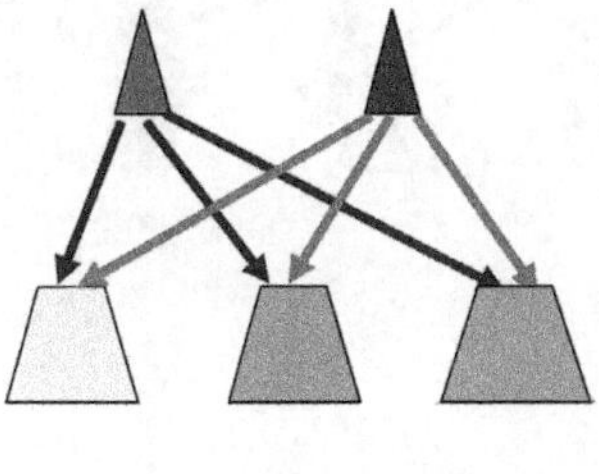

（2）先选帽子

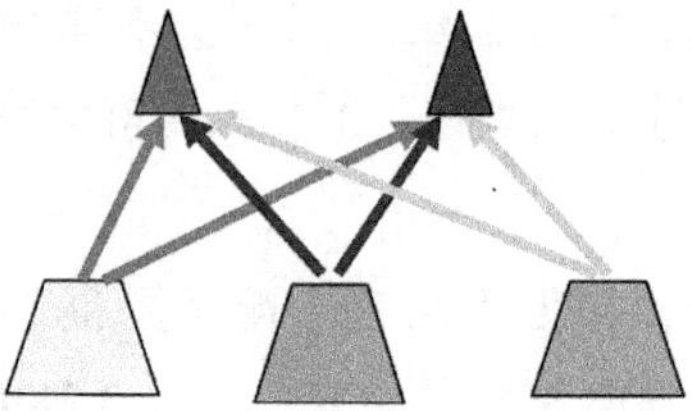

师：原来小精灵也是借助图形来设计的。那你发现借助图形、数字这样来设计有什么好处呢？

生：方便、简洁、明了。

4. 思考：怎样选配才能做到既不重复又不遗漏？

5. 小结：看来我们不管是先选木偶，还是先选帽子，这个选配过程，实际上就是在进行有序地思考，只有这样选配，才能做到既不重复，又不遗漏。

四、拓展延伸，体会规律

1. 增加一个木偶，会有多少种选配方法？

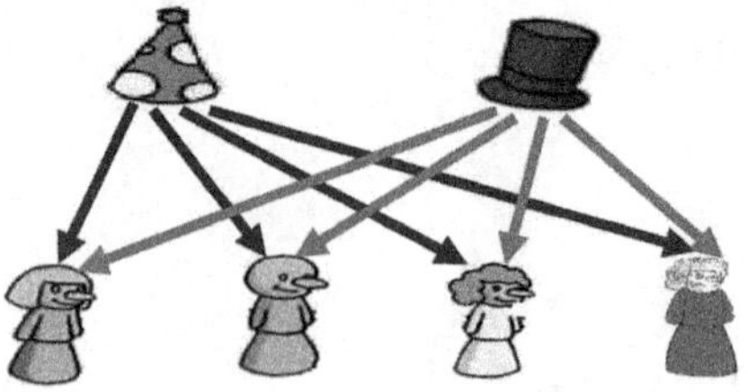

（板书：2　4　8）

再增加一顶帽子呢？

（板书：3　4　12）

如果有 5 顶帽子、6 个木偶呢？（板书：5　6　30）

你能再举出几个这样的例子吗？

如果有 a 顶帽子、b 个木偶，会有多少种选配方法？

2. 总结规律：你发现这几组数据之间有什么规律？

（板书：帽子的顶数 × 木偶的个数 = 选配方法的种数）

$$a \times b = ab$$

五、尝试运用，深化规律

1. 路线搭配问题。想想做做 1 题，想一想有几种路线做法。

2. 衣服搭配问题。想想做做 2 题，想一想有几种搭配方法。

3. 饮食搭配问题。早餐厅有一些饮料和点心，一种饮料选配一种点心，共有 6 种不同的选配方法，猜猜看，饮料可能有几种，点心可能有几种？

4. 游戏搭配问题。在石头、剪刀、布的游戏中，你能从选配的角度想一想，你和老师之间可以有多少种不同的玩法？

六、全课总结

学习了什么知识，谈谈你的收获。

板书设计

找规律

帽子的顶数 × 木偶的个数 = 选配方法的种数

2	×	3	=	6
2	×	4	=	8
3	×	4	=	12
5	×	6	=	30
a	×	b	=	a b

（此教学设计是参加全国第二届两岸三地教学研讨会的一节比赛课，被评为一等奖）

《平行与垂直》教学设计

教学内容：人教版四年级上册第四单元第一课时。

教学目标：

结合情境，了解平面内两条直线的平行与相交（包括垂直）的位置关系，能正确判断互相平行和互相垂直。

结合具体情境，体会数学与日常生活的联系。

在探索活动中，培养观察、操作、想象等能力，发展初步的空间观念，引导学生树立合作探究的学习意识。

教学重点：理解在同一平面内两条直线互相垂直和互相平行的位置关系。

教学难点：理解“同一平面内”的意义。

教具准备：多媒体课件、直尺、三角板、水彩笔等。

教学过程如下。

一、创设情境

师：同学们喜欢看变魔术吗，想看吗？请同学们看大屏幕：瞧！画面上变成了什么？

生：两条直线。

师：接下来，这两条直线会变成什么图形呢？请同学们先用手中的两根小棒代替这两条直线，任意摆一摆，比一比看谁摆得快，摆得有创意、有特点。

（学生开始摆）

谁愿意展示一下你摆的图形？（学生展示如下）

生：

师：刚才大家摆得都非常有创意，也非常有特点。那你们想知道屏幕上的这两条直线变成了什么图形了吗？请看大屏幕。

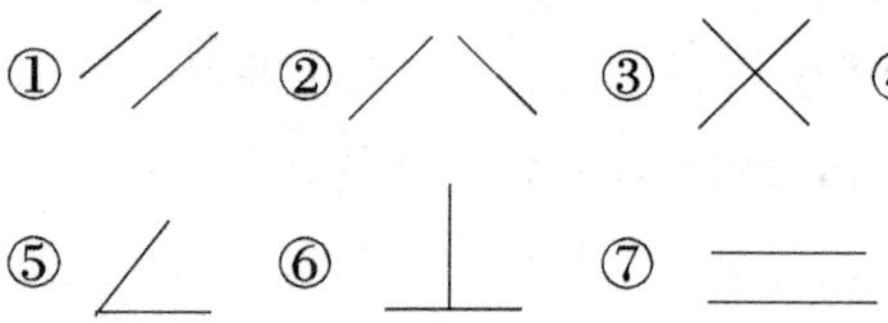

瞧，简简单单的两条直线竟然能组成这么多不同的图形，真是太奇妙了。

二、自主探索，学习新知

1. 教学相交和不相交

（1）独立思考。

师：观察屏幕上面的这几组图形，想一想可以把它们分为几类，为什么？

（2）小组交流。

师：可以把你的想法说给小组的同学听一听。

（3）汇报。

师：哪个小组愿意与大家分享你们的想法？

生 1：我们组按照直线交叉的特点分成了三类：①②⑦没交叉；③④交叉；⑤⑥刚交叉。

生 2：我们组也按照直线交叉的特点分成了两类：①②⑦没交叉；③④⑤⑥交叉。

生 3：我们组按照直线交叉的特点分成了两类：①⑦没交叉；②③④⑤⑥刚交叉。

师：看来同学们的分类角度不同，结果也不相同。刚才同学们都是按照交叉的特点进行的分类，交叉在数学上称为相交，没交叉的称为不相交。

想一想，当两条直线相交后会出现什么？

生 1：两条直线相交后会出现角。

生 2：两条直线相交后会出现一个点。

师：那在上面的图形中，哪几号图形相交，哪几号图形不相交呢？

生 1：③④⑤⑥相交，①②⑦不相交。

生 1：②③④⑤⑥相交，①⑦不相交。

师：看来大家的焦点主要集中在②号图形上，那谁能说一说②号图形为什么相交？

生：如果延长②号图形的两条直线就会相交。

师：也就是根据直线可以向两端无限延伸的特点，得出②号图形是能够相交的。那到底是否如此呢？请同学们用尺子和笔把②号图形的两条直线向两端无限延伸，你发现了什么？

生：两条直线相交了。

师：看来我们在观察事物时，不能只看它的表面，还要进一步思考。这样思考问题才会更加深入，才会更容易抓住事物的本质。

下面我们再看①和⑦号图形，请你也把图形的两条直线延长，你发现了什么？

生：两条直线不相交。

师：这样根据两条直线相交的特点，我们就可以把上面的图形分为几类？

生：两类，一类是相交，另一类是不相交。

2. 教学平行线

（1）平行线的概念。

师：我们就把像①和⑦号这样的图形，在数学上称为平行线。谁能说一说你是怎样理解平行线的？

生：不相交的两条直线叫作平行线。

生：永不相交的两条直线叫作平行线。

师：请大家观察这个长方体的盒子，在其中一个面中画一条横着的直线，在另一个面中画一个竖着的直线，让学生思考这两条直线会相交吗？

生：不相交。

师：这组直线叫作平行线吗？

生：不是平行线。

师：为什么呢？

生：这两条直线不在同一个平面内。

师：看来必须在同一个平面内，不相交的两条直线叫作平行线。（板书概念）

也可以说，这两条直线互相平行。如果我们把上面的两条直线分别叫作 a 和 b，那么 a 和 b 就互相平行，可以写作 a//b，读作a平行于b。

（2）举例。

师：想一想在我们生活中你见过哪些是有关平行线的物体？

生：双杠、门的两条对边、人行道的标志……

3. 教学互相垂直

（1）垂直的概念。

师：前面我们研究了在同一个平面内不相交的两条直线的位置关系，下面我们再看这几组直线（出示③④⑤⑥号图形），你发现这几组直线都相交成哪些角？

生：直角、锐角、钝角。

师：那在④和⑥号图形中的两条直线是相交成直角，是否正确呢？怎样验证呢？

生：量角器、三角尺、直尺。

师：下面就用你喜欢的工具来验证④和⑥号图形。

（找两名同学到展台上进行演示）

当两条直线相交成直角时，我们就说这两条直线互相垂直，其中的一条直线叫作另一条直线的垂线，它们的交点叫作垂足，可以用直角符号来表示。如果我们把上面的两条直线分别叫作a和b，那么a和b就互相垂直，可以写作a ⊥ b，读作a垂直于b。

（2）举例。

师：想一想在我们生活中你见过哪些是有关互相垂直的物体？

生：课桌的长和宽互相垂直，三角尺的两条直角边互相垂直，课本的长和宽互相垂直……

师：通过刚才的学习，我们知道在同一个平面内两条直线的位置关系：平行与垂直，这就是我们今天学习的新知识。

三、巩固练习

1. 辨一辨。下面各组直线，哪一组互相平行？哪一组互相垂直？

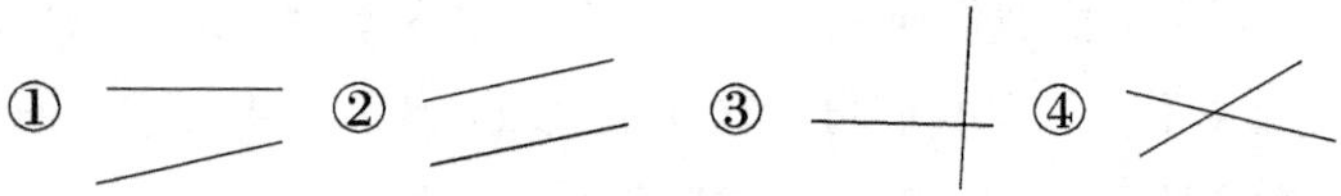

2. 说一说。下面每个图形中哪两条线段互相平行？哪两条线段互相垂直？

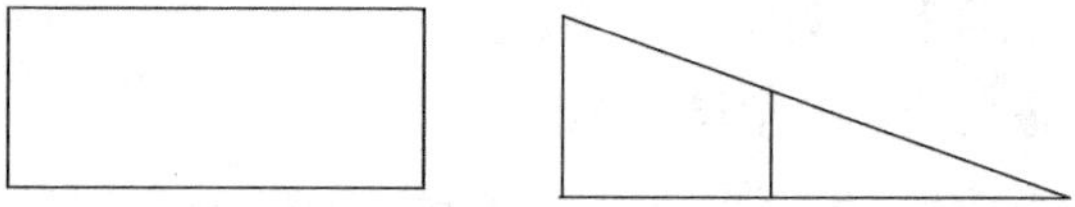

3. 摆一摆。

（1）把两根小棒都摆成和第三根小棒互相平行，看一看这两根小棒互相平行吗？

（2）把两根小棒都摆成和第三根小棒互相垂直，看一看这两根小棒有什么关系？

4. 赏一赏。走进生活中平行与垂直的世界，感受它所带给我们的美妙与神奇吧！（出示图片）

四、全课总结

谈一谈这节课的收获。

板书设计

平行与垂直

在同一个平面内
- 不相交
- 相交

两条直线
- 平行线（互相平行）a//b
- 互相垂直　a ⊥ b

（此教学设计是曲阜市名师导教教学研讨会上的一节示范课）

“整十整百、整千数的加减法”教学实录与评析

教学内容：人教版《义务教育课程标准实验教科书·数学》二年级下册第 81、82 页。

教学目标：

使学生能灵活地选择适当的方法进行整百、整千数加减法的口算。

经历整百、整千数加减法计算方法的形成过程，体验探索问题的方法。

通过学生主动参与和自主探索整百、整千数的加减法的计算方法，加强学生主动参与的意识，培养学生主动探索的精神。

教学重点：掌握整百、整千数的加减法的计算方法。

教学难点：算法的多样化和优化。

教学过程如下。

一、创设情境——商品竞猜

师：喜欢看电视吗？有一个电视节目叫幸运 52，你们看过

吗？今天孔老师就给你们带来了一个幸运52的精彩画面，请看大屏幕，你知道这个主持人是谁吗？

生：李咏。

师：李咏主持的这个节目非常风趣、幽默，其中有一个环节是看商品猜价格，更是非常吸引人，整个过程也是非常紧张、刺激，如果猜中了，当然也就最幸运。你们也想到幸运52的现场吗？今天就由我来主持咱们数学版的幸运52。我就是主持人，你们就是现场的参与观众。我们的口号是："快乐学习、人人参与。"下面就让我们一起走进今天的第一环节——商品竞猜环节。（出示画面）这台29英寸纯平彩色电视机的价格是一个整千数，请你猜一猜。

生1：3000元。

生2：5000元。

师：好眼力，恭喜你猜中了5000元。还想猜吗？继续看这台冰箱的价格也是一个整千数，猜一猜。

生3：1000元。

生4：2000元。

师：祝贺你猜中了2000元。在第一环节中，你对数学版的幸运52有什么感受？

生5：好玩、刺激。

师：你们还想继续后面的幸运52旅程吗？下面就让我们一起走进今天的第二环节：南北智力大比拼。

评析：课始利用学生喜闻乐见的"幸运52"创设情境，激发起学生学习的兴趣。教师根据学习内容，创设了新奇、生动、愉悦的学习情境，激起学生心理上的疑问，营造跃跃欲试的学习心态，求知的欲望油然而生。

二、学习新知——南北智力大比拼

(一) 教学例 9

1. 教学 5000+2000

师：看到以上这两条数学信息，你能提出什么数学问题？

生 1：一台电视和一台冰箱一共用多少钱？

生 2：一台电视比一台冰箱贵多少钱？

生 3：一台冰箱比一台电视便宜多少钱？

师：提的问题都非常有价值。咱们先来解决买一台电视和一台冰箱一共用多少钱？怎样列算式？

生 4：5000+2000=

师：你是怎么想的？

生 5：先算 5+2=7，再算 5000+2000=7000。

师：多么好的想法啊！还有不同的口算方法吗？

生 6：用竖式计算。

师：可以，还有不同的口算方法吗？

生 7：5 个千加 2 个千是 7 个千，就是 7000。

师：像这样把整千数看成几个千相加，这也是一种非常好的口算方法。大家说得都非常好，都能想到用不同的方法口算 5000+2000，你喜欢哪种方法说给同位听一听。

评析：在学习新知识时注重了问题由学生提出，这样做既尊重了学生的主体地位，又体现了教师的主导作用。同时注重了口算方法和算理的指导，以及数学思想方法的渗透。

2. 教学 5000-2000=

师：下面我们再来解决买一台冰箱比一台电视贵多少钱，

怎样列式？

生 1：5000-2000=

师：你是怎么想的？

生 2：因为 5-2=3，所以 5000-2000=3000。

生 3：5 个千减 2 个千是 3 个千，就是 3000。

师：你们知道吗？孔老师搬新居正好买了这两件商品，那天我带了 8000 元，你认为我带的钱够吗？为什么？

生 4：因为 5000+2000=7000（元），8000-7000=1000（元），所以说您带的钱够。

师：说得很有道理，思路很清晰。

（二）教学例 10

1. 教学 50+80=

师：剩下了 1000 元，我又购买了两种商品（出示画面），一盏台灯的价格是多少钱？

生 1：50 元。

师：一个吹风机呢？

生 2：80 元。

师：想一想买这两种商品一共要花多少钱，怎样列式？

生 3：50+80=

师：怎么想的？

生 4：因为 5+8=13，所以 50+80=130。

生 5：因为 5 个十加 8 个十是 13 个十，是 130。

生 6：因为 50+50=100，所以 100+30=130。

师：你的想法很独特，与众不同，有创意。

2. 教学 130-50=

师：知道了 50+80=130，你能根据这个算式再写出减法算式吗？

生 1：130-50=80　130-80=50

师：130-80=50 你是怎么想的？

生 2：因为 13-8=5，所以 130-80=50。

生 3：13 个十减 8 个十是 5 个十，就是 50。

生 4：因为 50+80=130，所以 130-80=50。

生 5：因为 100-80=20，所以 20+30=50。

师：你的想法真具有创造性，真了不起！

3. 教学 900+600=　1500-600=

师：下面老师再出两道题考考你们，先看 900+600 等于多少，你是怎么想的？

生 1：9+6=15，900+600=1500。

生 2：9 个百加 6 个百是 15 个百，就是 1500。

生 3：因为 900+100=1000，所以 1000+500=1500。

师：没难住你们，再看 1500-600 等于多少，你是怎么想的？

生 4：15-6=9，1500-600=900。

生 5：15 个百减 6 个百是 9 个百，是 900。

生 6：900+600=1500，1500-600=900。

生 7：1000-600=400，400+500=900。

4. 观察算式，板书课题

师：下面观察这些算式，你发现有什么特点？

生：都是整十、整百、整千数的加减算式。

师：这就是我们数学版幸运 52 的活动主题：整十、整百、整千数加减法（板书课题），计算这样的题目，你认为哪种方法简便就用哪种。

评析：应用口算算理的知识进行迁移、类推，既体现了教师的教，又体现了教师的学，真正达到了“教、扶、放”的和谐统一。同时教师特别注意指导学生的学习，从而达到了算法的多样化，并对多种方法进行筛选，使学生领会最基本、最佳的方法。

三、指导看书，质疑问难

师：想一想还有什么不明白的问题吗？

评析：看书质疑是教学的重要一环，因为教材不仅提供了学生学习的素材，而且体现了学法。通过看书，既培养了学生阅读能力，又弥补了讲授中的不足。通过质疑，能及时了解学生学习的信息，实现课堂教学的有效反馈。

四、巩固新知——幸运大擂台

师：在第二环节中，南北两组表现都非常出色，下面就让我们一起走进今天的第三环节：幸运大擂台。

1. 做一做第1、2题。

2. 有奖促销：买1000元送100元，想获奖你打算买什么？

抽油烟机800元、电饭锅200元、电话80元、台灯40元、自行车300元、微波炉700元。

评析：练习设计首先突出了基础性，兼顾了层次性、趣味性，实用有趣。

五、游戏——幸运大奖等你拿

师：（出示幸运苹果卡片）如果算对卡片上的数，这个幸运苹果就属于你了，谁愿意摘？

六、全课总结

我们一起来回顾今天的活动主题是什么？你喜欢孔老师主持的数学版的幸运52吗？你们高兴快乐吗？还记得我们的口号是什么吗？你们高兴、快乐这就是数学版幸运52的活动宗旨。

总评："教是因为需要教。"关于计算教学，尤其是口算，比较枯燥乏味。如何用教材教，本课给我们提供了很好的范例。

利用学生喜闻乐见的电视节目"幸运52"创设情境，激发学生学习的兴趣，使学生很快进入最佳学习状态。

在探究新知中，教师适时地进行点拨、诱导，让学生在教师的引导下，自主探索知识的形成过程。对于算法多样化，只是作为一种教学理念来处理，做到了多中选优，突出本质，学生最易理解和掌握的口算方法。

口算教学最应突出的是讲清算理、算法。教学中让学生充分议论过程，说思路，讲算理，辨疑难，较好地培养了学生的语言表达能力。

练习设计特别注重了基础性、层次性、趣味性，紧紧围绕重点和关键部分进行练习，真正达到打牢知识基础、构建思维模式、发展思维能力的目的。

（此文全文发表于2007年4月《小学数学教育》，此教学设计被评为济宁优质课一等奖）

《位置与方向》复习课教学设计

教学内容：人教版三年级下册总复习 112 页内容。

教学目标：

通过复习，使学生进一步明确东、南、西、北、东南、东北、西南、西北这几个方向。

学生进一步掌握用方向词语描绘物体所在的方向，使全体学生会看简单的路线图。

教学重难点：

进一步明确东、南、西、北、东南、东北、西南、西北这几个方向。

教学准备：课件。

教学过程如下。

一、小组互动，回忆再现，整理知识

师：同学们，我们学过了“位置与方向”，今天这节课我们就来整理和复习第一单元的这部分知识。（板书课题）

出示学习要求：①这一单元我们学习了哪些内容？②你认为哪些内容比较难，容易出错？③你还有什么问题？

请同学们围绕这些问题，翻开书从第2页看到第12页，先自行进行归纳整理，再把你归纳的情况，在小组内进行交流。

（学生回忆整理，小组讨论交流，教师巡视参与）

二、课堂交流，归纳整理，构建知识网络

本单元我们主要学习了什么内容？哪个小组愿意交流汇报你们组的交流情况？学生汇报，可能有如下几种整理结果。

1. 大括号形式：东、南、西、北。

位置与方向会看简单的路线图。

东南、西南、东北、西北

2. 知识树形式。（略）

3. 文字叙述。（略）

三、发表见解，相互补充，查缺补漏，突破难点

师：你认为本单元哪些内容比较难？哪些容易出错？

生：图上解决位置路线问题。

生：生活中的方向描述问题。

生：变换中心点描述位置路线问题。

师：大家同意吗？这节课我们就重点攻克这些难点和易出错的问题。

四、围绕双基，面向全体，复习提高

1. 凤凰村游览路线

师：五一节刚刚过去，你们都到哪些地方去旅游了？想知道孔老师去哪里吗？请看大屏幕（出示凤凰村图片）。

瞧，这就是凤凰村的大体全貌，这些参观点怎么走？我们一起来看它的路线图。（出示路线平面图）这有一个方向标记表示什么？

在每个同学桌上都有一张作业纸，下面请你根据这幅路线图独立完成问题。

（1）填一填。

① 住宅区在村口的（ ）方向。

② 文化中心在牡丹亭的（ ）方向。

③ 饮料加工厂在村口的（ ）方向，在牡丹亭的（ ）方向。

④ 凤凰村在村口的（ ）方向，在牡丹亭的（ ）方向。

（2）请你设计一条从村口到风景区的路线。

① 独立设计。

② 汇报展示。

③ 小结并思考。

师：同学们完成得特别好，下面请大家想一想，在这么多条路线中，你认为走哪条路最近？

生：从村口向北到牡丹亭，再向东北到风景区。

④ 同位交流。如果我们从村口出发一次返回，怎样走才能使经过的每个景点不重复，请你设计一条路线，同位之间互相说一说。

⑤ 汇报。

2. 曲阜旅游路线

师：同学们，咱们曲阜是世界历史文化名城，这里有许多的人文自然景观，我们一起来看一看。（出示图片并让学生说一说各个景点名称）

孔府：孔子后代居住地。孔庙：祭祀孔子的地方。孔林：孔子及后代的陵墓所在地。尼山：孔子出生地。少昊陵：皇帝之子少昊的陵墓，被称为“中国的金字塔”。颜庙：孔子学生颜子的住所。万仞宫墙：乾隆皇帝的亲题御笔。

下面我们以孔庙为中心，说一说各个景点都在孔庙的哪个方向？

3. 课本 112 页社区示意图

师：这是一幅社区示意图，看一看小清家的周围有什么？她从家到健身园可以怎样走？她从家到学校呢？如果选择其中的一个地点设计一条路线，你可以怎样走？

4. 请你做导游

请给外地游客设计一条曲阜参观游览路线。

五、全课总结，畅谈感受

师：下面请同学们想一想这节课有哪些收获？通过今天的学习，大家表现都非常出色，你还有哪些想对老师、同学或自己说的吗？当然也可以评价其他同学。

（此教学设计为齐鲁名师大讲堂活动中的一节录像课，被评为省课例二等奖）

《平移和旋转》教学设计

教学内容：青岛版三年级上册 P57 ～ P58 平移和旋转。

教材分析：《平移和旋转》是青岛版小学数学三年级上册第三单元的内容。本课的内容是新教材中的一部分内容，它是把学生日常生活中常见的平移和旋转现象作为学习与研究的对象，从运动变化的角度认识空间与图形。从数学意义上讲，它还是一种基本的图形变换，对于帮助学生建立空间观念，掌握变换的数学思想方法有很大的作用。

教学目标：

结合实例，感知平移、旋转现象，能在方格纸上画出一个简单图形沿水平方向、竖直方向平移后的图形。

在解决问题的过程中，形成初步的空间观念和方位感。

初步感受方向在现实生活中的作用，了解平移和旋转给生活带来的方便，进一步体会数学与生活的联系。

教学重点与难点：感知平移和旋转这两种现象，能在方格纸上画出一个简单图形沿水平方向、竖直方向平移后的图形。

教具准备：多媒体课件，孙悟空图片，方格纸，小鱼图片。

教学过程如下。

一、创设情境，感受物体的运动

师：同学们喜欢喝饮料吗？大家想不想到饮料加工厂去看一看呢？（出示饮料加工厂画面）这就是饮料加工厂生产车间的一幅画面，请大家仔细观察，一会儿在画面中会有哪些物体在运动，它们是怎样运动的？可以用动作把看到的表演出来。（出示生产车间动态画面）

生：吊扇在运动，它是像这样绕着圈运动的。（手势表示）

师：描述得真形象，还有吗？

生：自动门在向左右运动。

师：观察得真仔细，还有不同的发现吗？

生：传送带的运动，饮料瓶的运动，排气扇的运动，升降机的运动……

二、自主交流，探索新知

1. 教学平移和旋转

（1）独立思考：你能根据运动方式的不同，想一想可以把这些运动的物体分为几类，为什么？

（2）小组交流：可以把你的想法说给小组的同学听一听。

（3）汇报。

师：哪个小组愿意把你们的想法和大家共同分享？说一说可以把这些运动的物体分为几类？为什么？

生 1：我们组把排气扇、吊扇、传送带的轮子的运动分为一类，因为它们都是转动的；而把自动门、升降机、饮料瓶分为一类，因为它们都是这样平着运动的。

生 2：我们组把排气扇、吊扇、传送带的轮子的运动分为一类，它们是转动的；而把自动门、升降机、饮料瓶分为一类，它们都是直直地运动。

（4）小结。像上面画面中的自动门、升降机、饮料瓶，它们都是沿着直线做运动，我们把这样的运动方式称为平移；而像吊扇、排气扇、轮子那样，都是绕着一个固定的点转动，这样的运动方式我们称为旋转。

（5）找画面中其他的平移和旋转现象。

（6）举例。在我们生活中，有很多这样的平移和旋转现象，谁来说一说？

2. 练习

考眼力，判断下面的现象哪些是平移，哪些是旋转？

3. 教学平移的位置移动

（1）教学平移的方向。

师：现在老师手里有一张卡通片，如果把它放在黑板上面的这个位置，让它做不同方向的平移运动。（向上平移、向下平移、向左平移、向右平移）

（2）教学平移的距离。

师：请看大屏幕，瞧！草地上来了三只小猴，原来它们在搬家。仔细观察，小房子是怎样平移的？

生 1：小房子向右平移了 6 格。

生 2：小房子向右平移了 4 格。

生 3：小房子向右平移了 5 格。

师：到底小房子向右平移了几格呢？请同学们亲自动手操作，用实践来证明到底哪一种说法是正确的。下面请同学们拿出1号作业纸，在右边的小房子图上找一个你最喜欢的点，再到右边的小房子图上指出它平移后的位置，并数一数，然后说一说你喜欢的点向右平移了几格。

生1：我最喜欢的点是屋顶，向右平移了6格。

生2：我最喜欢的点是屋角，向右平移了6格。

师：前面有两个同学向右平移了4格、5格，下面我们就请这两位同学到前面来验证一下，说一说你们的问题出在哪里呢？

生3：我数的是两个小房子中间是空了4格。

生4：我数错格子了，应该是向右平移6格。

师：同学们表现真不错，我们一起来看看小房子到底移动了几格。（动态演示小房子移动的过程）通过刚才的操作，你们发现了什么？要想知道这个小房子向右平移了几格，关键在哪里？

生：我想关键在找一个点，看这个点向右平移了几格，那么小房子也就向右平移了几格。

师：通过前面的操作，我们发现不管哪个点，都是向右平移了6格，正好与小房子平移的距离是一样的。所以我们以后数一个图形平移了几格，只要在这个图形上找到一个点，看这个点向哪个方向平移了几格，那么它所在的图形也就向那个方向平移了几格。

三、巩固练习

1. 按照要求动手操作。

在2号作业纸上把黄色三角形向右平移2格，红色三角形向下平移 4 格，蓝色三角形向左平移 4 格，看看平移后的图形像什么？

2. 欣赏。（出示生活中有关平移和旋转的图片）

四、全课总结

这节课我们学习了什么知识？你有哪些收获呢？

（此教学设计是参加山东省教学能手的一节比赛课）

人教版《找规律》教学设计

教学内容：人教版《义务教育课程标准实验教科书·数学（二年级下册）》第 115 页的内容，115 页的例 1 和“做一做”。

教材分析：《找规律》这部分内容是新编实验教材新增设的内容之一，它蕴涵着深刻的数学思想。本单元是从形象的图形排列规律、颜色循环规律慢慢过渡到抽象的数列规律，学生不仅要看清图形或颜色的组合规律，同时还要发现图形排序上的规律。如果这节课没有把握好，对后面的继续学习将造成障碍。

学情分析：在一年级学习了简单的图形和数字的排列规律后，二年级继续探索图形和数列的排列规律。根据二年级学生更偏重形象思维的特点，教学中尽可能采用观察与操作相结合的更具体直观的方式，帮助学生加深对知识点的理解。

教学目标：

让学生通过观察、猜测、实验、推理等活动发现图形的排列规律，培养学生的观察操作及推理能力。

使学生在教学活动中，充分感受数学的价值，知道生活中事物有规律的排列隐含着数学知识，初步培养学生发现和欣赏数学美的意识。

通过教学活动，初步发展学生的想象能力，培养学生的创新意识。

教学重点、难点：

使学生在活动中认识图形的排列规律。

会运用规律解决一些实际问题，并激发学生的创造思维。

教具、学具准备：课件、图片、卡纸。

教学过程如下。

一、创设情境、激趣导入

师：今天动物王国要开运动会，咱们一起去看一看。瞧！参加比赛的小动物都有谁？

生：大公鸡、小鸭子、小狗、小羊。

师：原来是这四种可爱的小动物。你们瞧！它们排着整齐的队伍，尤其是走在最前面的大公鸡，你看它挺着胸脯，雄赳赳、气昂昂的，模样多神气，猜一猜这是为什么？

生 1：参加比赛高兴。

生 2：因为当上了排头。

师：恭喜你，猜中了。就是呀，当排头，带领队伍多神气，多帅气啊！要是小动物们想去参加下一场比赛，猜一猜会让谁来当排头呢？为什么？

生：小鸭子当排头，因为要轮流当排头。

师：你的意思是说该轮到小鸭子当排头了。也就是说，小动物们要轮流当排头，这样对于每个小动物来说都比较怎样呢？

生：公平。

师：现在想一想，小鸭子当排头，它后面应该怎样排队呢？

生：它后面应该排小狗、小羊、大公鸡。

师：老师现在有个疑问，为什么把大公鸡不排在中间，而是排在队伍的最后面呢？

生：因为不能随便插队、加塞。

师：不能加塞，排队要讲秩序。如果继续往下排，又该怎么排呢？

生：小狗、小羊、大公鸡、小鸭子。

师：继续往下排呢？

生：小羊、大公鸡、小鸭子、小狗。

师：你们看小动物们排的队伍整齐吗？美观吗？像刚才这样让每个小动物轮流当一次排头，不断改变排队位置，这样的规律就是我们今天要学习的新知识——找规律。（板书课题）在我们生活中，像这样排列的规律还有很多，下面我们就一起到大公鸡家去看一看。

二、自主探索，寻找规律

1. 探索墙面图案规律

（1）独立思考。这就是大公鸡家的墙面，在这个漂亮的墙面中还藏着一些非常有趣的排列规律呢！赶快找一找吧。

（2）小组交流。在这些图形中，每一行是怎样排列的，你发现了什么规律，请把你的发现说给小组的同学听一听。

（3）汇报。

师：哪个小组来说一说在这些图形中，每一行是怎样排列的，其中有什么规律呢？

生：横着看，把第一行的第一个图形移到了最后，其他三个图形都往前移到了一个位置，就成了第二行，第三行、第四行也都是这样变化得到的。

师：看得出来你是个非常善于观察的孩子，这个发现非常有价值。我们一起来看这个排列规律（动画演示第一行的排列规律）。横着从上往下看，把第一行的第一个图形移到最后，其他三个图形都依次往前平移了一个位置。继续往下看，后面的几行也是这样变化排列的。除了可以横着看，谁还有不同的发现？

生：还可以竖着看，把第一行的第一个图形移到最后，其他三个图形依次向上平移了一个位置就成了第二行，以后几行也是这样排列的。

师：多么精彩的发现啊！看得出来你是个善于动脑的孩子。（动画演示规律）

除了横着看、竖着看，谁还有不同的发现？

生：斜着看，每一行的图形都相同。

生：斜着看，每一行的图形的颜色也都相同。

生：斜着看，每一行的图形都是由四种不同的图形组成的。

生：斜着看，每一种图形都轮流做了一次排头。

（4）小结。小朋友们可真了不起，能从不同角度去观察，发现了许多有趣的排列规律。像这样几个图形按一定的规律不断重复地排列，我们把这种排列称为循环排列规律。

2. 动手操作，加强感知

（出示课件）先在第一行依次摆上红、黄、蓝、绿四个正方形，然后根据刚才发现的规律来摆一摆第二行、第三行、第四行的正方形（学生动手操作，教师巡视，选择有代表性的作品进行展示)，让学生说一说排列的规律。

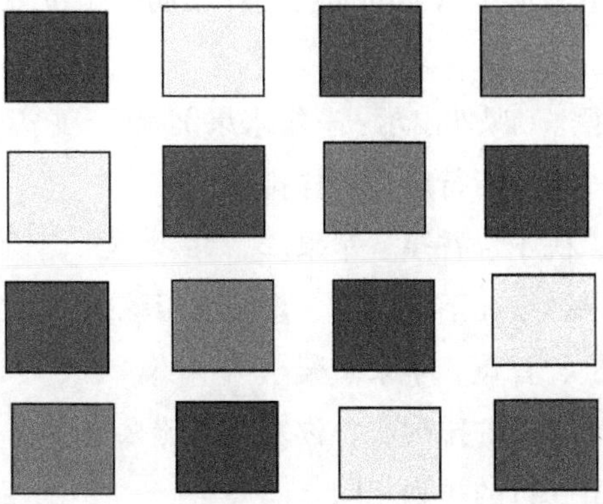

你们知道吗？这个图案是大公鸡家的地面图案。

三、巩固练习

师：刚才我们通过观察找出了墙面和地面图案的规律，大公鸡觉得你们真了不起，邀请你们去参加动物王国的联欢会。你们高兴吗？（课件出示：三排小动物）

1. 猜一猜。

师：第四行的小动物因为不知道谁先出来而吵起来了，同学们快帮帮它们吧！

师：想一想小动物的排列有什么规律？

第四行该按什么顺序排列？

生：小猪排第一个，依次是小猫、小猴、小熊猫。

师：多可爱的小动物啊！

2. 做一做。☆★○●　●☆★○　○●☆★__________

师：你能按照规律摆出第四组图形吗？拿出卡片摆一摆。

师：谁愿意告诉大家你是怎样摆的，又是怎样想的？

生：这组图形是后面的向前循环移动一个位置，所以应该是★○●☆。

3. 摆一摆。（课件出示：三组水果）

师：想一想第四行应该怎样排列？

生：梨、桃子、香蕉、苹果。

师：如果继续往下排，想一想第五行该怎么排？

生：桃子、香蕉、苹果、梨。

师：从第五行的排列看，你发现了什么？

生：与第一行的排列相同。

师：现在充分发挥你的想象，想一想第六行应该怎么排？第七行呢？第八行呢？

生：第六行与第二行的排列相同；第七行与第三行的排列相同；第八行与第四行的排列相同。

师：这样继续排列下去，就像一年中的四季一样，周而复始，循环往复，不断重复下去，这就是循环排列的特点。

四、欣赏感受规律美

师：通过前面的学习，你觉得这些规律奇妙吗？这么有趣、这么奇妙的排列规律，在我们的生活中无处不在。在人类的历史文化长河中，规律一直是人们生活的主旋律，它每时每刻都在装扮着我们的生活，下面就让我们一起来欣赏规律所带给我们的美妙世界，让我们一起走进规律，去感受规律所带给我们的无限遐想吧！（课件出示）

五、应用规律，设计图案

师：利用今天所学的排列规律知识，自己动手设计一幅有规律排列的图案。比一比，看谁设计得美观、漂亮、有规律。

六、全课总结

这节课同学们不仅发现了事物循环排列的规律，还当了一次小设计师。这节课同学们有收获吗？谁来说一说？

（此教学设计被评为山东省信息技术优质课一等奖）

《用 2 ～ 6 的乘法口诀求商》教学设计

教学内容：人教版二年级下册 18 页的内容。

教学目标：

经历自主探究、合作交流除法计算方法的过程，理解求出除法算式的商的方法。

了解用乘法口诀想商的思路，初步掌握用乘法口诀求商的方法。

理解体会乘法和除法之间的关系，感受用乘法口诀求商的简便，体验学习的乐趣。

教学重点：理解用乘法口诀求商的道理，掌握用乘法口诀求商的方法。

教学难点：理解用乘法口诀求商的道理。

教具准备：课件、图片。

教学过程如下。

一、创设情境

师：同学们，你们知道猴子最喜欢吃什么吗？（桃子）今天，我们就一起到动物王国去一趟，看一看那里发生了什么事

情？请看大屏幕。（出示主题图）

师：原来是猴妈妈正在给小猴们分桃子呢？可是她遇到了一个难题，什么难题呢？我们一起来看一看。

二、自主探究，学习新知

1. 教学例 1（出示：12 个桃，每只小猴分 3 个，可以分给几只小猴？）

（1）列式。

师：怎么列算式呢？

生：12 ÷ 3=

（2）独立思考。

师：可以分给几只小猴呢？猴妈妈到底应该怎么分呢？你愿意帮助她吗？下面就请同学们想一想，也可以借助手中的桃子来分一分。

（3）小组交流。

师：下面我们就以小组为单位把你刚才分的过程说给小组的同学听一听，好吗？现在就开始吧。

（4）汇报。

师：哪个小组的同学来说一说，你是怎么分的？

生 1：先给第一只猴子分 3 个，再给第二只猴子分 3 个，再给第三只猴子分 3 个，最后给第四只猴子分 3 个，就正好分完了。

师：你能用一个算式表示出来吗？

生：12-3=9（板书：12-3=9）

师：继续说，再给第二只猴子分 3 个，还剩几个？你能用一个算式表示出来吗？

生：9-3=6

师：继续说，再给第三只猴子分 3 个，还剩几个？你能用一个算式表示出来吗？

生：6-3=3

师：继续说，再给第四只猴子分 3 个，还剩几个？你能用一个算式表示出来吗？

生：3-3=0

师：还剩 0 个这说明什么？

生：桃子正好分完了。

师：那我们来看这个算式 12-3-3-3-3=0，刚才这组同学用了连减的方法，得出可以分给几只小猴呢？（4 只）特别感谢你，帮助猴妈妈解决了一个大难题。

师：哪个小组还有不同的分法？

生 2：1 只猴子分 3 个，2 只猴子分 6 个，3 只猴子分 9 个，4 只猴子分 12 个。你能用一个算式表示出来吗？

生：3+3=6（板书：3+3=6）

师：继续说，那 3 只猴子一共分几个？算式表示？

生：6+3=9（板书：3+3+3=9）

师：继续说，那 4 只猴子一共分几个？算式表示？

生：9+3=12（板书：3+3+3+3=12）

师：你们看这 12 个桃子正好分给了几只猴子呢？

生：4 只猴子。

师：刚才这组同学用了连加的方法，同样也得出了可以分给几只小猴呢？（4 只）

师：现在除了连加、连减这两种分法之外，还有不同的分法吗？

生 3：$3\times4=12$

师：我们来看看小猴分到桃子后的图，你能想到哪个算式呢？（出示图并板书：$3\times4=12$），实际上这个连加的算式也可以用乘法算式表示出来。

（5）对比，明确算理。

师：咱们班的同学可真聪明，想出了这么多的方法，猴妈妈高兴极了。

师：下面我们来看这 3 个算式，在第一个算式中，是从 12 里面连续减去了几个 3？

师：既然 12 连续减去 4 个 3，那么 $12\div3$ 就等于几呢？

师：在第二个算式中，是连续加了几个 3？那么 $12\div3$ 就等于几呢？

师：既然 4 个 3 相加等于 12，那么 $12\div3$ 就等于几呢？

师：我们再看在第三个算式中，又表示的是几个 3？

师：既然 $3\times4=12$，那么 $12\div3$ 也就等于几呢？

师：在上面这 3 种算法中，你喜欢用哪种方法计算 $12\div3$ 的商呢？为什么？

生 1：我喜欢连减（预设：为什么喜欢连减呢？如果是有 15 个桃得连续减去几个 3 呢？如果有 18 个桃呢？如果有 21 个呢？你会感觉用这种方法怎么样？）

生 2：我喜欢连加（预设：为什么喜欢连加呢？如果是有 5 个 3 相加呢？如果有 6 个 3 相加呢？如果有 7 个 3 相加呢？你会感觉用这种方法怎么样？）

生 3：我喜欢乘法（预设：为什么喜欢乘法呢？乘法可以用乘法口诀直接就算出来。）

师：你可真聪明，知道用前面学过的乘法口诀来进行新知识的学习。是啊！同学们在学习新知识时一定要联系前面学过的知识来解决问题，数学知识之间是有着非常紧密的联系的，这也是学好数学非常重要的学习方法，希望同学们要牢牢地记住它，好吗？

师：下面我们来看 $3\times4=12$ 和 $12\div3$ 这两个算式，你发现除法算式的商就是乘法算式中的哪个数？

生：因数。

师：看来正像刚才这位同学说的那样，除法算式和乘法算式是有联系的，我们要计算除法算式的商，就可以用乘法来帮忙。

师：你们知道吗？猴妈妈也是想到用乘法算式计算出 $12\div3$ 的商的，可以直接用我们学过的哪句乘法口诀得出来呢？

生：三四十二（板书：想：三四十二，商就是 4。）

师：也就是要想几的乘法口诀（3 的口诀）好，下面哪位同学来说一说计算 $12\div3$ 等于几应该怎么想？

生 1：想三四十二，商就是 4。

师：谁还想说？同位之间说一说。

2. 板书课题

师：同学们发现在计算除法时我们可以直接用什么方法来求商呢？这就是我们今天学习的新知识。（板书：用 2 ～ 6 的乘法口诀求商）

三、巩固练习，拓展提升

师：今天，我们帮助猴妈妈解决了分桃子的难题，她非常喜欢同学们，邀请你们去她家做客，大家愿意吗？

1. 果园摘桃子

12 ÷ 6=　　8 ÷ 2=　　6 ÷ 2=　　9 ÷ 3=

12 ÷ 4=　　10 ÷ 5=　　12 ÷ 3=　　10 ÷ 2=

2. 找朋友（对号入座）

8 ÷ 4=　　6 ÷ 3=　　12 ÷ 2=　　5 ÷ 5=

一五得五　二四得八　二三得六　二六十二

3. 连一连（送信）

12 ÷ 3　　12 ÷ 6　　8 ÷ 4　　6 ÷ 2　　12 ÷ 2　　10 ÷ 2

9 ÷ 3　　4 ÷ 2　　10 ÷ 5　　6 ÷ 3　　12 ÷ 4　　8 ÷ 2

2　　3　　4　　5　　6

4. 算一算（脑筋急转弯）

6 ÷ 6=　　2 ÷ 1=

5 ÷ 5=　　3 ÷ 1=

4 ÷ 4=　　6 ÷ 1=

(　) ÷ (　) = (　)　　(　) ÷ (　) = (　)

你发现了什么？你能写出几道像上面这样的算式吗？

5. 拓展提升

3 × 4=(　)　　2 × 5=(　)

12 ÷ 3=(　)　　10 ÷ 2=(　)

12 ÷ 4=(　)　　10 ÷ 5=(　)

口诀：(　　　　)　　口诀：(　　　　)

师：仔细观察每组算式，你发现了什么？

生：根据一道乘法算式可以算出两道除法算式。

生：每组算式都可以用同一句乘法口诀。

生：乘法算式和除法算式之间是有联系的。

师：同学们发现的这些非常有价值，下节课我们就要学习这方面的知识。

四、全课总结

这节课我们学习了什么新知识？你有哪些收获呢？还有什么不明白的问题吗？

板书设计

用 2 ～ 6 的乘法口诀求商

12 ÷ 3=4

想：3×（4）=12

三四十二，商是 4。

（1）12−3−3−3−3=0

（2）3+3+3+3=12

（此教学设计被评为济宁市一师一优课奖）

第4章　教学思考——课例教学反思

以知识的迁移为主线，注重教学方法的渗透

——《百分数的认识》教学反思

百分数的认识是在学生学习了分数的意义基础上进行教学的。百分数在生活中有着广泛的应用，人们常用百分数对事物进行描述、分析、统计、比较。虽然学生在日常生活中通过各种途径已经大量接触了百分数，但是对百分数的意义，及其应用价值的认识还处于模糊阶段。如何深入挖掘教学内容，我对本节课做了如下探讨。

成功之处：

1. 运用知识的迁移，找准生长点。在教学百分数的意义之前，我首先复习了分数的意义，通过复习分数的意义，使学生明确分数表示一个数是另一个数的几分之几，分数既可以表示具体数量，还可以表示两个数之间的倍数关系，也就是分率；接着运用知识的迁移来教学百分数的意义，让学生联系分数的意义想一想百分数的意义，然后通过具体的实例来说一说生活中的百分数所表示的意义，进而总结归纳百分数所表示的意义，最后又对生活中的百分数的意义进行了解释与应用。这样通过对原有知识的迁移，学生对于百分数的意义的理解也就水到渠成了。

2. 注重学生学习方法的渗透。在教学中，我紧紧抓住旧知识来解决新问题的学习方法，引导学生联系分数的意义对百分数的意义进行猜想，然后进行验证，得出结论，并进行解释与应用，最后通过学生谈对本节课的收获来进一步加深对数学方法的渗透。俗话说：授人以鱼不如授人以渔。方法是数学学习的灵魂，是数学学习的最高境界。学生只有掌握了正确的学习方法，才能开启学好数学知识的大门。

3. 注重对数学知识内容的挖掘。

（1）在教学百分数和分数在意义上的联系时，我通过对比百分数和分数的意义，着重让学生理解两者之间的相同点和不同点，从而使学生明确百分数和分数的相同点都表示两个数之间的倍数关系，不同点是百分数只表示两个数的倍数关系，而分数不仅表示两个数的倍数关系，还表示具体的数量，从而得出百分数后面没有单位名称。此外，百分数和分数之间还有着非常密切的联系，其中百分号中的短斜线，它可以表示分数中的分数线，比中的比号，除法中的除号。这样教学使学生更加明晰分数和百分数之间的联系。

（2）教学百分数的意义时，除了着重得出百分数表示一个数是另一个数的百分之几的意义之外，对于百分数为什么叫作百分率和百分比也进行了深入的解释与说明。百分数不仅表示两个数的倍数关系，还表示两个数相比的关系，所以百分数既叫作百分率，也叫作百分比，这样就使得学生不仅要知其然，更要知其所以然。

不足之处：

对于学生在猜想百分数的意义时，有一名学生猜想百分数表示一个数是另一个数的百分之几，还有一名学生猜想百分数表示一个数是 100 的百分之几，对于这种特殊的形式，在备课中没有预设到，但是学生能这样表达说明知识的迁移起到了作用。

改进措施：

还是尽可能地预设到学生的想法，要站在学生的角度去思考如何回答问题，只有这样，才能把知识的教学最终落实到学生主体这个重要的角色上来。

用教材教≠教教材

——《抽屉原理》教学反思

“抽屉原理”是研究数学问题中关于一类与“存在性”有关的问题。这部分内容教材通过几个直观例子，借助实际操作，向学生介绍“抽屉原理”，使学生在理解“抽屉原理”这一数学方法的基础上，对一些简单的实际问题加以“模型化”，会用“抽屉原理”加以解决。

成功之处：

1. 立足教材，深入挖掘，整合教材。在本节课中，介绍“抽屉原理”的两种形式。例题 1 描述的是最简单的“抽屉原理”：把 m 个物体任意分放进 n 个空抽屉里（$m>n$，n 是非 0 自然数），那么一定有一个抽屉中放进了至少 2 个物体，也就是当物体的数量比抽屉的数量多 1 时，不管怎么放，总有一个抽屉至少放进了 2 个物体。例题 2 描述了“抽屉原理”更为一般的形式：把多于 kn 个物体任意分放进 n 个空抽屉里（k 是正整数），那么一定有一个抽屉中放进了至少（k+1）个物体，也就是说，当物体的数量比抽屉的数量多 2，多 3，多 4，甚至更多时，不管怎么放，至少有（k+1）个物体放进了同一个抽屉里。

在教学中，我首先创设了这样一个情境，把一些球放进一个盒子里，至少有多少个球，由此让学生来进行猜测，并初步理解至少的含义，然后通过出示盒子里的 94 个球，放进 3 个盒子里，让学生进行猜测，至少有几个球放进了同一个盒子里。学生由于数目大，不容易得出答案，因此就把 94 个球转化为 4 个球来进行研究。

根据这两种“抽屉原理”的形式，例题 1 采取了让学生通过动手操作，把 4 个球放进 3 个盒子里，有 4 种不同的放法：在第一种放法（4，0，0）中，教师通过不断地进行追问，这 4 个球一定要放在第一个盒子里吗？学生回答后可以放在第二个、第三个盒子里，引导学生说出不管怎么放，总有一个抽屉里放进 4 个球，接着依次第二种、第三种、第四种放法中，让学生更清晰地理解“不管怎么放”“总有”这两个词语的意义。然后通过在每种放法中，在放得最多的球的盒子里，让学生明白其中存在着这样一种现象：不管怎么放，在放得最多的盒子里至少有 2 个球放进同一个盒子里。接着又通过平均放让学生体会到在最不利情况下考虑，先在每个盒子里放 1 个球，再把余下的 1 个球放进任意一个盒子里，就能很快得出至少有 2 个球放进同一个盒子里。

通过算式表示出平均分的过程，$4 \div 3=1 \cdots\cdots 1 \quad 1+1=2$，然后又通过把 5 个球放进 4 个盒子里，把 6 个球放进 5 个盒子里，把 10 个球放进 9 个盒子里，把 100 个球放进 99 个盒子里等等，让学生自己通过举出不同的例子并列出算式，体会当球的数量比盒子的数量多 1 时，不管怎么放，至少有 2 个球放进了同一个盒子里，能够自然而然地脱口而出“抽屉原理”的简单形式。而在例题 2 教学中，当物体的数量比抽屉的数量多

2，多 3，多 4，甚至更多时，至少数是否还是 2，至少数又会发生怎样的变化呢？让学生通过放球的方法（平均分）和算式，让学生总结归纳出当球的数量比盒子数量多时，至少数等于商加 1，从而得出“抽屉原理”的数学模型：物体的数量 ÷ 抽屉的数量 = 商……余数　至少数 = 商 +1。在这一教学过程中，要让学生重点思考当余下的数量不是 1 时，还要继续平均分，也就是当余数为 2 时，还要每个盒子里放 1 个，这样才能保证至少有一定数量的球放进了同一个盒子里。

2. 教学过程首尾呼应，不仅教知识，而且更重要的是教方法。在教学中，通过把 94 个球放进 3 个盒子里，让学生想一想至少有几个球放进同一个盒子里。学生对于数目较大的数量难以得出正确的答案，怎么办？我国著名已故数学家华罗庚曾经说过：当我们遇到复杂的问题时，要善于“退”，足够的“退”，退到最原始而又不失去重要性的地方，是学好数学的一个诀窍。要退就大踏步地退，让学生想到退到最简单的问题开始研究，从把 4 个球放进 3 个盒子里来进行研究，在课的末尾再让学生根据所学知识来解决复杂问题，由此让学生体会到退不是懦弱的表现，退是为了更进一步地往前进，这种思考方法核心就是数学中非常重要的数学思想“化归思想”的真谛所在，学生会受用无穷，终身受益。

3. 利用故事揭示“抽屉原理”，利于学生更好地理解“抽屉原理”的数学模型。在教学中利用了《晏子春秋》中记载的《二桃杀三士》的故事，向学生生动形象地描述这个故事的由来。

学生不仅从这个故事中知道晏子采用借“桃”杀人的办法，不费吹灰之力，便达到了他预定的目的，还知道运用数学中一个重要的原理——抽屉原理。

不足之处：

1. 个别学生对于把谁作为抽屉数，把谁作为物体数不是特别清晰。

2. 对于至少有 2 个球放进同一个盒子里，还是不理解。

再教设计：

1. 在总结时注意明确作为抽屉数和物体数的判断方法，然后根据具体的数量关系式就可以轻松解决问题。

2. 应该让学生明确“抽屉原理”研究的存在性是指在不同分法中，放得最多的物体的数量的那个抽屉最少会放几个物体。即“抽屉原理”研究的是物体数最多的一个抽屉里最少会有几个物体，只研究它存在这样一个现象，也就是至少有几个球放进同一个抽屉里。

在操作中感悟，在探究中发现

——《认识圆》教学反思

一、教学设计思路

我一直以来非常想讲这节课，为什么呢？因为这节课经常作为评优课，也经常作为展示课。圆的认识这节课在我讲之前，我很早就看过咱们济南的王延安老师在全国优质课比赛的课堂实录。在前年，我参加徐州的两岸三地同课异构教学研讨会上，有 6 位老师执教同一节课。在去年，咱们街道中心中学组织的参加去南京的现代与经典教学研讨会上，由著名的潘小明老师上了一节展示课，在这之前我还观看了被称为数学王子的张齐华老师上的一节课。特别是我在观摩完潘小明和张齐华这两位名师的课之后，我就一直想，数学课原来可以这样上。如果让我上，我该怎样去上呢？

当我接到这个课题时，我一直不敢动笔去写教学设计，一直都在想怎样设计？这节课共分为六个环节。

第一环节是情境引入。这个环节我采用了趣味运动会投掷铅球的情景引出圆来。通过猜测铅球可能在哪这个开放性的问题引出圆来。这样设计的目的之一：让学生初步感受到圆上有无数个点，由无数个点密集在一起就形成一个圆，渗透了数学的极限思想。这样设计的目的之二：为后面教学半径、直径的定义做好了铺垫。在以往听课过程中，教学半径和直径的定义时，通过折纸或自学定义学生根本想不到半径是连接圆心和圆上任意一点的线段，对于圆上任意一点根本想象不到。我通过在这里孕伏，学生对于半径直径的意义的理解就会迎刃而解。这样设计的目的之三：让学生区分圆上、圆内、圆外的不同。

第二环节是自主探索，学习新知。这个环节我分为三个层次。

第一层次：教学的圆的各部分名称。这个层次我没有采用书上折纸认识圆的各部分名称，而是采用直接让学生说一说，因为有前面的铺垫，又通过多媒体演示，学生比较容易理解。

第二层次：教学圆的特征。这个层次我沿袭采用了书上的折纸方式，不同的是我还通过量一量让学生自主发现、自主学习、自主交流。因为这一环节，学生对于体会在同一个圆内，所有的半径都相等、所有的直径都相等不是特别深刻，学生只是直观地感知半径与直径的特点，通过量一量之后学生发现所有的半径直径长度都相等。在折纸的过程中，我给学生提供的是两个不同大小的圆形纸片，这样设计的目的是让学生体会到只有在同一个圆内，只有在这样的前提下，圆的特征才成立。这样就使抽象的前提变得简单，容易接受。为了进一步巩固对圆的特征的理解，我又通过多媒体演示和接受圆的文化历史加深对圆特征的进一步强化和理解。

第三层次：教学画圆。在用圆规画圆前，我还是遵循学生已有知识经验，从借助圆形物体画圆到用圆规画圆，再拓展到画更大的圆。在这一层次，我没有采用让学生借助圆形物体亲自画圆，只是说了说，对于这个问题我一直有我自己的想法，不一定成熟。因为在一年级学生已初步认识了圆，而且在这六年时间内对于六年级的学生来说借助圆形物体画圆应该是小菜一碟，我没有让学生去描、去画。在用圆规画圆时，我提高了画圆的难度，直接让学生画一个规定半径是2厘米的圆。事实上学生是可以画出来的。最后拓展到画操场上的圆，让学生感受到借助圆形物体和圆规都没有办法解决问题，这样让学生体会到遇到具体问题要具体分析、具体灵活解决问题。

第三环节是看书质疑问难。这一环节我认为课本是学生的老师，当学生没有学会新知识时，可以通过看课本解决问题。叶圣陶曾经说过："课本要善读。"

第四环节是巩固练习。这一环节我只安排了两个练习：一个是针对半径与直径关系的练习；另一个是车轮为什么是圆形的，车轴应装在什么位置的练习。对于第二个练习，我采用了动画形式帮助学生理解。事实上对于这个问题并不是我们这节课能够解释明白的。因此，我让学生课下继续探索这个问题。

第五环节是全课总结。

第六环节是欣赏图片，结束新课。

二、教学反思

在教学中，我注重加强动手操作，培养学生的自主探索能力。通过画一画、折一折、量一量、想一想等多种方式，探索出在同一个圆内，有无数条半径，有无数条直径，直径是半径的2倍，半径是直径的$\frac{1}{2}$，所有半径长度都相等，所有直径长度都相等的圆的特征，培养学生自主发现、自主探索的能力。

本节课的遗憾之处：

1.“圆出于方，方出于矩”。最初的圆形是由正方形不断切割而成的，我没有演示动画过程。

2. 这节课所要向学生传授的知识点太多了，我总想尽可能地面面俱到，但总感觉面面不到，有时对于一个问题只是一带而过。

3. 由于多媒体出现的故障，导致在让学生直观感受车轮为什么是圆形的，车轴装在什么位置上，没有让学生通过动画演示使学生明确车轴之所以装在圆心的位置，是因为圆心到圆上任意一点的距离都相等，所以只有把车轴装在圆心处，当车轮滚动时方可使行进的车辆保持平稳状态。

体验探索—归纳概括—思想渗透

——《圆柱》教学反思

本节课的内容是学生已经掌握了长方体、正方体、圆的知识基础上进行教学的。

成功之处：

1. 注重知识的拓展。在教学圆柱的认识时，通过把一张长方形的硬纸贴在木棒上，快速转动木棒，让学生观察转动起来后的形状是一个圆柱形。对于这个形状学生很容易想到，但是对于这个内容背后的知识更加需要学生掌握。在教学中我没有把知识点止于这一步，而是利用教具让学生清楚地观察到：当以长方形的长为轴旋转，长就是圆柱的高，宽就是圆柱的底面半径；当以长方形的宽为轴旋转，宽就是圆柱的底面半径，即以长方形的哪条边为轴旋转，哪条边就是圆柱的高，而另一条边就是圆柱的底面半径。通过这样的教学，学生在解决相应的问题时就不会感到无从下手，同时也培养了学生的空间想象能力。

2. 加强学生的动手操作，注重圆柱知识的推导过程。在教学圆柱的侧面积时，通过学生的动手操作，让学生对圆柱的侧面展开图是长方形有了一个清晰的认识，特别是圆柱的侧面积公式的推导过程，学生发现了长方形的长 = 圆柱的底面周长，宽 = 圆柱的高。因为长方形的面积 = 长 × 宽，所以圆柱的侧面积 = 底面周长 × 高。

3. 注重数学思想方法的渗透。在教学圆柱的体积时，通过教具的现场演示，学生清晰地看到了圆柱转化成长方体的过程，学生很容易发现：长方体的体积等于圆柱的体积，长方体的底面积等于圆柱的底面积，长方体的高等于圆柱的高，由此推导出圆柱的体积公式也是底面积乘高，并进一步推导 $V=\prod r^2h$。在这一过程中，学生发现虽然形状发生了改变，但是体积不变，这也是数学教学中需要学生掌握的数学思想方法。除此之外，转化思想也是必不可少，这两种数学思想方法在解决问题过程中有着至关重要的作用，这对于学生的终身学习有着不可估量的作用。徐云鸿主任说：几何直观于学生而言，是一种有效的学习方式；于教师而言，是一种有效的教学手段。它是数形结合思想的体现，在小学数学教学中是不可缺少的、重要的数学思想方法。虽然徐老师说的是几何直观，但是对于其他在小学阶段中必须渗透的变中不变思想、转化思想也是不可缺少的、重要的数学思想方法。

不足之处：

1. 在教学中没有让学生在动手操作中发现圆柱的侧面展开图是正方形、平行四边形或不规则图形，感觉有些遗憾，学生对于侧面是正方形的圆柱的侧面积的计算还是需要加强教学的。

2. 没有提醒学生在圆柱的体积和表面积计算的过程中需要注意的问题，导致学生在计算中忽略了单位的不同，出现了解决问题的低级错误。

再教设计：

1. 在教学中只有让学生亲身体验到圆柱的侧面展开图可以是长方形、正方形，也可以是平行四边形等，学生才会记忆更加深刻。

2. 可以在教学中增加当圆柱的侧面是正方形时，侧面积的计算公式是边长 × 边长，与正方形的面积公式相同。

3. 注意提醒学生在计算圆柱的体积和表面积中易出错的地方。如单位的换算、表面积计算是哪些面的面积，圆柱的侧面积和体积公式的不同，虽然都乘高，但是侧面积是底面周长乘高，而体积是底面积乘高。

探究源于兴趣

——《平行与垂直》教学反思

本节课的内容应是在学生认识了直线、线段、射线的特点，初步认识平行四边形，学习了角的度量的基础上进行教学的。

成功之处：

1. 创设变魔术情境，激发学生兴趣，符合数学特点。在小学数学教学中，情境的创设要符合三要素：一是趣味性；二是科学性；三是数学性，不能为了情境而创设情境，进而失去数学的本质。在教学中，我利用学生喜闻乐见的变魔术情境，通过由一条直线变成两条直线，进而变成由两条直线组成的不同的图形，让学生既感受到了直线变化的奇妙之处，又没有脱离通过两条直线组成的图形来引入新知，还抓住了两条直线这一关键之处，从而揭示本节课要研究的问题，即在同一个平面内两条直线的位置关系。

2. 抽丝剥茧，步步为营，分散难点。如何把两条直线组成的图形按照相交和不相交分成两类，学生主要问题有两种：一种是把 5 号和 6 号图形认为不相交，另一种是 2 号图形给学生的感觉就是不相交。如何让学生意识到在这个图形的背后还要联系有关直线的特征呢？如何让 5 号和 6 号图形认为相交呢？怎么处理出现的这两个问题呢？在教学中先让学生了解什么是相交，两条直线相交有什么特点？从而让学生正确理解 5 号和 6 号图形也是相交，并在此基础上利用直线的特点是向两端无限延伸，虽然学生通常不容易想到 2 号图形是相交，但是通过让学生画出 1 号、2 号和 7 号图形的延长线，让学生在操作中发现 1 号和 2 号图形就是不相交，而 7 号图形通过延长相交了，从而得出两条直线的位置关系可以分为两类：一类是相交，另一类是不相交，也为后面的教学铺平了道路。

不足之处：

对于在同一个平面内两条直线的位置关系，在处理上发现学生对于直线无限延伸的理解还没有很好地在头脑中形成印象，这是因为在学习这节课时，跳过了直线、线段和射线的内容教学，所以导致学生在理解上不到位。

再教设计：

1. 顺应学生学习内容的衔接，力争把每一个知识点教学到位，不给学生留下知识上的盲点。

2. 在同一个平面内的处理可以用一个盒子的不同面，而放弃两个物体两个不同面。

授人以鱼不如授人以渔

——《总复习：因数和倍数》教学反思

本节课的内容涉及的概念非常多，既抽象又容易混淆，如何使学生更加容易理解这些概念，理清概念之间的相互联系，构建知识之间的网络体系是本节课教学的重难点，同时学会整理知识的方法更是本节课教学的灵魂。

成功之处：

1. 构建知识网络体系，理清知识之间的相互联系。在教学中，我首先通过一个联想接龙的游戏调动学生学习的兴趣，让学生利用因数和倍数单元的知识来描述数字 2，学生非常容易想到 2 是最小的质数、2 是偶数、2 的因数是 1 和 2、2 的倍数有 2，4，6……2 的倍数特征是个位是 0、2、4、6、8 的数。通过学生的回答，教师及时抓住其中的关键词，引出本单元的所有概念：因数，倍数，质数，合数，奇数，偶数，公因数，最大公因数，公倍数，最小公倍数，2、3、5 的倍数的特征。如何整理使这些凌乱的概念变得更加简洁、更加有序、更加能体现知识之间的联系呢？通过学生课前的整理，发挥小组的合作交流作用，在相互交流中，学生相互学习、相互借鉴，逐渐对这些概念的联系有了更进一步的认识，然后通过选取几名同学的作品进行展评，最后教师和学生共同进行整理和调整，最终来完善知识之间的网络体系。

2. 教给学生整理知识的方法。在教学中，授人以鱼不如授人以渔，作为教师莫过于教给学生必备的学习方法。在这节课的整理复习中，课前我让学生把第二单元关于因数和倍数的概念进行了汇总，涉及的概念有如下几个：因数、倍数、公因数、公倍数、最大公因数、最小公倍数、质数、合数、奇数、偶数、2 的倍数特征、3 的倍数特征、5 的倍数特征，并提出具体的要求：一是观察分析这些概念，哪些之间有着密切的联系；二是根据这些概念之间的联系可以分为几类；三是用你自己喜欢的方法表示出来，可以以数学手抄报的形式来呈现。通过课前的设计，我事先搜集了一些有代表性的作品放在课件中，让同学们进行欣赏，相互取长补短，共同学习，共同进步。课堂中在小组讨论交流的过程后，教师与学生共同对本单元的概念进行了整理和总结，并得出知识网络图。

纵观本节课的设计，就是通过学生的联想，回忆前面学过的知识，并在头脑中构建知识之间的相互联系，从而揭示出这个知识网络图就是思维导图。掌握了这种方法，就可以把数学中的每一个单元进行整理，也可以把每一册知识进行整理，还可以把小学数学的知识进行系统的整理，从而让学生体会到思维导图法的强大之处，并把这种方法推广到其他学科，让学生真正掌握知识整理的方法。

3. 在练习中进一步对概念进行有针对性的复习。在练习环节中，我根据这些概念设计了一些相应的练习。目的是以练习促复习，在练习中更好地体会这些概念的具体含义，加深学生对概念的理解和掌握，学生在练习的过程中不仅掌握了知识整理的方法，还深刻地理解了知识的来龙去脉，对每个知识点的概念理解也更加清晰了。

不足之处：

1. 个别学生在展评中不会去评价，只是从设计的美观上去思考，而没有从体现知识之间的联系上去进行说明。

2. 出现个别学生由于第二单元的知识是在开学初学习的，有些知识点已经遗忘，导致出现连最小的偶数是几都不知道了。

3. 由于本节课的知识点过多，练习的时间有些不足，导致基本的练习时间可以保障，但是需要拓展的知识没有更好地呈现出来。

再教设计：

1. 抓住数学知识的本质，美观的整理形式只是一些外在的，并不是重点，注意引导学生从数学的本质去思考问题，排除数学本质以外的东西，去引发思考，从而形成良好的数学思维品质。

2. 还要继续深入挖掘数学的思想、灵魂和方法，用以指导课堂教学，让学生掌握以后学习知识的钥匙，学会开启知识的大门。

突破难点，把握重点

——《分数的意义》教学反思

《分数的意义》这节课的内容，作为公开课，老师们可能已听过多遍了。老师们都知道这节课的重点就是分数的意义，难点就是单位 1 的建立，易错点就是单位 1 的数量不同，为什么可以用相同的分数来表示。也就是说，把 4 个苹果平均分成 2 份，为什么可以写成 $\frac{1}{2}$，而不是 $\frac{2}{4}$。基于以上教学内容的重难点，下面来谈一谈我对这节课的认识。

一、如何突破难点

如何突破难点呢？我找到了自然数 1，在我们实际生活中，就可以表示两层含义：一是表示数量是 1 的物体，比如一朵花、一只羊等；二是表示由一些物体组成的一个整体，比如一个班级、四只熊猫等。这些知识都是学生在学习中已经积淀下来的，作为备课教师，就是要善于把学生已有的知识与现在要学的知识紧密联系起来，让学生感到这个自然数 1 只是换了一个词，变成了单位 1 而已，并没有什么知识上的难度。这样也就突破了教学的难点。这节课我通过让学生大量的举例，让学生深入地认识了单位 1 的含义。

二、如何把握重点

如何把握重点呢？在备课中我没有使用教材提供的内容，教材给我们提供的是一个圆，一条线段，一个正方形，四只香蕉，一盒面包的情境图，让学生通过不同的物体经过平均分都可以用 1/4 来表示。

我在新知的学习中通过这样三个层次进行教学。

第一层次：教学一个物体的分数的意义。课件出示一个苹果：让学生说一说把一个苹果可以看作什么？如果让你分，会得到哪些分数？并说一说得到分数的意义。

第二层次：教学多个物体的分数的意义。出示 4 个、6 个苹果，让学生说一说可以把 4 个、6 个苹果看作什么？如果让你分，会得到哪些分数？最后教师出示一堆苹果让学生说一说可以得到哪些分数？

第三层次：概括分数的意义。

在这三个层次中，由一个物体到多个物体到一堆苹果，学生在得到的分数过程中，都重点让学生说一说每个分数表示的意义。在讲述的过程中，分数的意义自然而然就表示了出来，使学生逐渐觉得以前都是把一个物体进行平均分得出分数的意义，在这节课只是把所有的物体都看作单位 1 来表示，只是变了一个说法而已，自然而然地揭示了分数的意义。

三、如何把握易错点

教过五年级的老师们都知道，学生的易错点就在把 4 个苹果平均分成 2 份，为什么可以写成 $\frac{1}{2}$，而不是 $\frac{2}{4}$。把 6 个苹果平均分成 2 份，为什么可以写成 $\frac{1}{2}$，而不是 $\frac{3}{6}$。出现这个问题的原因就是在分数意义的学习上，学生还没有充分地认识到要依据分数的意义来判断，因此，只有分数的意义深深烙印在学生头脑里，上述问题也就迎刃而解了，所以，只有落实好分数的意义教学，才是解决易错点的根本所在。

四、关于练习的设计

在练习题中我采用了教材中的做一做、练习题中的 1 ～ 3 题，目的是夯实基础。两则资料题是联系生活，开阔学生视野，猜一猜是让学生灵活掌握所学知识，变式推理，使学生进一步加深对分数意义的理解，同时也对后续知识的学习起到孕伏的作用。

五、关于分数的产生和历史

在这个环节，我摒弃了教材先出示分数的产生，而是在学生学完新知后进行揭示，这样就与分数的历史结合起来，让学生对分数的认识能够更加连贯起来。

关注体验，回归本质

——《用分数表示可能性的大小》教学反思

可能性的大小是在三年级上册教学基础上的深化学习，使学生对“可能性”的认识和理解逐渐从定性向定量过渡，不但能用恰当的词语来表述事件发生可能性的大小，还要学会用量化的方式，用分数描述事件发生的概率。

一、课标分析

（一）对比新旧课程标准，准确把握学段目标要求

《统计与概率》部分是《数学课程标准》所规定的四个领域内容之一，其中《可能性》又是《统计与概率》内容的重要组成部分。在新旧课程标准中，《可能性的大小》这一部分内容在学段目标的具体要求上进行了调整，具体内容如表 4-1 所示。

表 4-1　新旧课程标准学段目标

学段	内容	目标要求（旧版）	目标要求（新版）
第一学段	不确定现象	1. 初步体验有些事件的发生是确定的，有些则是不确定的； 2. 能够列出简单试验所有可能发生的结果； 3. 知道事件发生的可能性是有大小的，能对一些简单事件发生的可能性做出描述，并和同伴交换想法。	没有安排
第二学段	可能性	1. 体验事件发生的等可能性以及游戏规则的公平性，会求简单事件发生的可能性； 2. 能按照指定的要求设计简单的游戏方案。	1. 在具体情境中，通过实例感受简单的随机现象；能列出简单的随机现象中所有可能发生的结果。 2. 通过试验、游戏等活动，感受随机现象发生的可能性是有大小的，能对一些简单的随机现象发生的可能性大小做出定性描述，并能进行交流。

根据上述内容的规定和目标的要求，义务教育课程标准实验教科书（人教版）就编排了相关《可能性》的教学内容，旧版安排在第一、二两个学段分两次安排教学可能性的有关知识，新版只安排在第二学段来教学此内容。因此，通过对比新旧《课程标准》的内容标准和目标要求，对准确把握学段目标要求具有十分重要的指导性意义。

（二）对比新旧教材分布，把握教学内容

新旧版教材《可能性》的教学内容具体安排如表 4-2 所示。

表 4-2　新旧教材教学内容分布

学段	分布	内容
第一学段	三年级（上册）（旧版）	第 8 单元《可能性》——教学用“一定”“可能”“不可能”“经常”“偶尔”等词语描述事件发生的可能性；列出简单试验所有可能发生的结果，知道事件发生的可能性是有大小的。
第二学段	五年级（上册）（旧版）	第 6 单元《统计与可能性》——教学等可能性和游戏规则的公平性，会求简单事件发生的可能性，能按照指定的要求设计简单的游戏方案。
	五年级（上册）（新版）	第 4 单元《可能性》——教学用“一定”“可能”“不可能”“经常”“偶尔”等词语描述事件发生的确定性和不确定性；列出简单试验所有可能发生的结果，感受随机现象结果发生的可能性的大小进行推测。

从上面的表中可以看出旧版教材把《可能性》的知识分布在第一、二两个学段的二册教材中，而新版教材只安排在第二学段的一册教材中，删去了用分数表示可能性的大小，等可能性的教学只是在练习题中通过掷正方体感受事件发生的等可能性。

（三）梳理知识体系，把握内在联系

在旧版教材中，《可能性》的知识分布在不同学段和不同年级进行教学安排，然而这些知识的编排是紧密相连和前后呼应的，建立了循序渐进、螺旋上升知识体系和内在联系。

本教材以简单事件发生的可能性的发展趋势安排了两个阶段进行教学。第一阶段（三年级上册）：体验简单事件发生的可能性有的是确定的，有的是不确定的，会用“一定”“可能”“不可能”“偶尔”“差不多”等词语描述一些简单事件发生的可能性。第二阶段（五年级上册）：进一步体验等可能性和游戏规则的公平性，会用分数表示简单事件发生的可能性，能够判断游戏规则是否公平，会设计简单游戏的公平规则。

（四）对比编写意图，准确把握教学要求

在新版教材中，教学内容分为两个层次。一是初步感受随机现象中数据的随机性。在概率学习中，帮助学生了解随机现象是非常重要的。教科书第44页呈现了学生熟悉的“联欢会上抽签表演节目”的场景来引入例1的学习，通过小丽、小雪、小明三位同学抽签的活动，使学生在具体情境中体验事件发生的确定性和不确定性，感受在相同条件下重复同样的试验，其试验结果不确定，以至于在试验之前无法预料哪一个结果会出现；二是在不确定的基础上体会随机现象的统计规律性。例2通过讨论“摸出一个棋子，可能是什么颜色”，使学生在活动中进一步认识简单试验所有可能发生的结果，并通过重复20次的试验统计，初步感受随机现象的统计规律性，知道事件发生的可能性是有大小的。例3通过让学生根据摸球试验的统计结果来推测袋子何种颜色的球多，进一步深刻体会随机现象的统计规律性。

在旧版教材中也是进行了集中编排。第一次是在三年级上册，主要让学生初步体验有些事件的发生是确定的，有些则不是确定的，知道事件发生的可能性是有大小的。第二次在五年级上册，使学生对“可能性”的认识和理解逐渐从定性向定量过渡，学会用分数描述事件发生的概率。

二、教材分析

关于“可能性”这一内容，原来的实验教材分两次进行了集中编排。教学实践表明，第一学段学生理解不确定现象有难度，不容易理解事件发生的可能性。另一方面，在小学阶段设置简单的“概率”内容，主要是为了培养学生的随机思维，让其学会用概率的眼光去观察大千世界。因此，在可能性知识的教学中，应加强对学生概率素养的培养，增强学生对随机思维的理解，使学生充分感受和体验简单随机现象中数据的随机性，能对一些简单的随机现象发生的可能性大小做出定性描述，而不要把丰富多彩的可能性内容变成了机械的计算和练习。正因为这个原因，学生在第一学段中将不再学习概率，将不确定现象的描述后移到第二学段，即使对于随机性学习提出运用数据分析来体会随机性，并且强调对可能性大小的理解，而不是对可能性本身的理解，使这部分内容更具有可操作性，符合小学阶段学生学习的特点。

在新版教材中，可能性教学内容分为两个层次。在教学中要力求为学生提供丰富的现实学习素材，促进数学知识的理解。如摸棋子试验、涂色活动、抽签游戏、抛硬币、投骰子等，这些活动都特别注意联系学生的生活实际，不但便于教师组织教学，更使学生在大量观察、猜测、试验、思考与交流的数学活动中，逐步丰富对随机现象和可能性大小的体验，经历知识的形成过程。再次，通过“生活中的数学”，一方面可以加深学生对所学数学知识的理解，另一方面也使学生感受到了可能性知识与生活的联系，有利于培养学生的应用意识。另外，要让学生体验随机现象中数据的随机性，就要求学生在进行相关试验活动或游戏活动时必须遵守一定的规则，例如摸球时不能看着球摸，也不能摸完一次后不摇匀球就接着摸，这样都不能很好地体现随机性。因此在教材中明确提出了“放回去摇匀再摸”“按要求涂一涂”“随意摸一张”等要求，对学生的试验和游戏活动进行方法的指导，使学生能更好地体验数据的随机性，最后教材还通过“本单元结束了，你有什么收获？”一问，帮助学生回顾和梳理对可能性的认识，并通过两位学生的表达“根据可能性的大小来涂色很有意思”“生活中经常会遇到可能性的问题”来感受数学与生活的紧密联系，激发学生的学习兴趣，以此加强方法的指导和知识的整理。

在新版教材中，需要教师注意的是，在义务教育阶段，所涉及的随机现象都基于简单随机事件，即所有可能发生的结果是有限的，每个结果发生的可能性是相同的。

三、学情分析

（一）读懂教材，注重体验游戏的公平性

读懂教材就要全面了解本节课教材的编排体系和学段要求，准确把握教材的目标、重点、难点等。课标在第二学段中指出：“在具体情境中，通过实例感受简单的随机现象，能列出简单的随机现象中所有可能发生的结果。”在第一次追问中，通过创设学生比较熟悉的足球比赛决定由谁开球引入，这样做公平吗？这样设计的目的是使学生理解随机抛掷一枚硬币时

“出现正面和出现反面的可能性是相同的”，从而说明在比赛前用抛硬币的方法来决定由谁开球对比赛双方都是公平的，初步让学生感知游戏规则公平性的含义，体验随机事件发生的可能性的大小。

（二）读懂学生，明晰学生知识的盲点，对症下药

新课标指出，数学教学活动必须建立在学生的认知发展水平和已有的知识经验基础之上。可能性的内容是在三年级上册教学基础上深化，学生已经知道生活中的一些事件的发生有确定与不确定之分，能对生活中的常见现象发生的可能性进行正确的分析和判断，但由于学生概括能力较弱，推理能力还有待不断发展，很大程度上还需要依赖具体形象的经验材料来理解抽象的逻辑关系。本节课要使学生对“可能性”的认识和理解逐渐从定性向定量过渡，不但能用恰当的词语来表述事件发生可能性的大小，还要学会用量化的方式，用分数描述事件发生的概率。

本节课的难点就是让学生如何接受硬币出现正面和出现反面的可能性用 $\frac{1}{2}$ 来表示。课标指出：“通过试验、游戏等活动，感受随机现象结果发生的可能性是有大小的，能对一些简单的随机现象发生的可能性大小做出定性描述。”在追问中，通过每组每人抛两次硬币的试验，出现了三种意想不到的结果，引发矛盾冲突，使学生开始追根溯源，到底是什么原因导致出现不同的结果呢？对问题开始进行理性地思考。然后通过数据的继续累加，使学生由原来的出现正面和出现反面的试验结果与1/2 相差较大，逐渐开始认同出现正面和出现反面的可能性接

近了 1/2 这一试验结果。学生开始由“半信半疑”转为“逐渐接受”。学生再一次经历了数据的累加，以及历史上著名的试验，已经由“出现正面和出现反面的可能性接近了 1/2”转化为“出现正面和反面的可能性越来越接近了 1/2”，这一变化不是教师生拉硬拽，强行让学生认同所要的结果，而是在一次次的追问中，一次次的数据累加中，积累学生对随机事件发生的可能性的认同。通过学生的比较和想象，使学生进一步体验到在数据的不断变化中，学生真正明白“相等，原来就存在于不断逼近一半的过程之中”，实现了由上万次的“试验频率”向“一次”试验概率的回归，同时也渗透了极限的数学思想。

四、板书设计思路

本节课的内容是在三年级学生初步体验有些事件发生是确定的，有些是不确定的，是三年级上册学习内容的深化，旨在让学生对“可能性”的认识和理解逐渐从定性向定量过渡，不但能用恰当的词语（如“一定”“不可能”“可能”“经常”“偶尔”等）来表述事件发生的可能性的大小，还要学会通过量化的方式，用分数描述事件发生的概率。

这节课的板书设计如下。

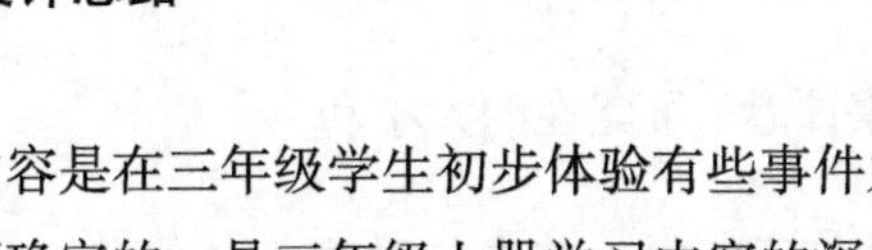

导入新课环节设计具体如下。

师：请同学们先看一段视频，你们发现在举行足球比赛时，经常会看到裁判员用抛硬币的方法决定谁先开球，你认为这样做公平吗？为什么？

生：公平，因为抛硬币时可能出现正面，也可能出现反面。

师：是的，这样做是比较公平的，因为我们在抛硬币时可能会出现正面，也可能会出现反面，（板书：出现正面和出现反面）也就是说，出现正面和反面的可能性怎么样？可以用什么数来表示呢？

生：出现正面和反面的可能性是相等的，可以用 50%、0.5 和 $\frac{1}{2}$ 来表示。

师：这节课我们就来学习用分数的大小来表示可能性的大小。（板书课题：可能性的大小和 $\frac{1}{2}$ ）

在这个环节中，首先借助多媒体视频，通过播放足球比赛开场时裁判员用抛硬币的方法决定由谁开球来吸引学生的注意力。然后随着学生的回答，教师适时板书出现正面和出现反面，教师又通过有目的的提问从而引入课题，过渡自然，又点明了题眼。

在新授环节，教师主要利用电子表格的形式，通过学生动手操作每人抛 2 次硬币，利用电子表格进行统计，真实可信不出错，接着通过在 ppt 上绘制每组的抛硬币的结果用条形统计图表示出来，学生通过统计表和统计图的对比发现，出现正面和出现反面的可能性有三种情况，一种是接近 $\frac{1}{2}$ ，一种是与 $\frac{1}{2}$

相差较大，另一种是正好是 $\frac{1}{2}$；然后教师把全班的统计结果用统计图表示，让学生发现一种与 $\frac{1}{2}$ 相差较大的范围在逐渐缩小，缩小，教师继续利用学生在家里每人抛 10 次硬币把全班的总次数再次用统计图表示，学生发现出现正面和出现反面的可能性逐渐地接近 $\frac{1}{2}$，最后教师通过历史上数学家做的试验结果，利用统计图展现，使学生发现出现正面和出现反面的可能性是 $\frac{1}{2}$，并且随着次数的进一步增加，得出出现正面和出现反面的可能性是 $\frac{1}{2}$，从而验证裁判员用抛硬币的方法决定由谁开球是公平的，由此板书“公平”，至此整节课的板书就完整地呈现出来，内容简洁明了，重点突出，很好地突出本节课的主要内容，多媒体的统计图和统计表的呈现更是起到了直观、形象的效果。

在巩固练习环节，主要利用多媒体进行不同层次的练习，节省了时间，提高了学习效率。

解决问题策略之优化思想——化繁为简

——《找次品》教学反思

优化是一种重要的数学思想方法，可有效地分析和解决问题。本单元主要以“找次品”这一操作活动为载体，让学生通过观察、猜测、试验等方式感受解决问题策略的多样性，在此基础上，通过归纳、推理的方法体会运用优化策略解决问题的有效性，感受数学的魅力。

成功之处：

1. 渗透“退”也就是“化繁为简”的数学思想。我在教学中体现了华罗庚“退”的数学思想——善于“退”，足够“退”，“退”到最原始而不失去重要性的地方，也是学好数学的一个诀窍。把复杂的问题退回简单化，再从解决简单的问题中发现规律，用这个规律解决复杂的问题。在本节课的开始，我就设计了让学生猜“从 81 瓶钙中找一个次品，用天平称，至少要称几次就一定能找出次品”。学生猜无论如何都要 81 次，有的说 42 次。要解决这个难题，我们首先研究 2 瓶、3 瓶、5 瓶等逐渐寻找规律和方法，最后找到“平均分 3 份来称所需次数最少”的方法，然后用找到的方法来解决从 81 瓶中找次品的问题。后来经过探究后发现，从 81 瓶中找次品只需 4 次即可，在这种强烈的对比之中学生感受到数学思想方法的魅力、数学的奇妙！

2. 展示交流中体验“猜想与验证”的数学思想方法。猜测与验证是学生开展数学活动的一种重要思想方法。正如荷兰数学教育家弗赖登塔尔所说“真正的数学家——常常凭借数学的直接思维做出各种猜想，然后加以证实”。因此小学数学教学中教师要重视猜想验证思想方法的渗透，以增强学生主动探索、获取数学知识的能力，促进学生创新能力的发展。本节课就让学生经历了“实验探究——猜想——验证——归纳”的过程。首先从 9 瓶中找 1 瓶次品的几种方法的对比中，我们发现均分 3 份的方法所需次数最少，是否无论是多少瓶都是均分 3 份的方法所需的次数最少？为了验证这一猜想，就必须再用一个例子去实验，最后归纳得出结论。学生通过经历知识的形成过程，不仅获得了数学结论，更重要的是逐步学会了获得数学结论的思想方法——猜想验证，提高了主动探索、获取知识的能力，增强了学好数学的信心。

不足之处：

由于时间关系，在研究从 9 瓶中找次品时，学生小组交流的时间不够充分，汇报时有些方法没有反馈。

再教设计：

在设计板书时，进行了简化。用下划线来代表天平，上面的两个数字代表托盘两边的物品数量，这样就更形象一些，让学生也更容易理解一些。

多维度观课，重在分析评价

——《三角形的三边关系》观课报告

我观看了许超老师的《三角形的三边关系》一课，选择了“教师语言”的维度进行了观课，具体观课情况如下。

一、观课维度说明

在课堂教学过程中，数学知识的讲授、学生掌握知识的情况、师生之间的情感交流等，都通过良好的数学语言来反馈。正是在此观念指导下，我通过教师的语言这一维度进行了观课。

二、观课分析

1. 总体评价

《三角形的三边关系》是人教版四年级下册第五单元的内容。教学主要让学生动手操作，想象猜测，使学生知道三角形中任意两边之和大于第三边。总体来说，教师首先通过创设具体的生活情境入手，让学生任选两个地点来选择合适路线来